01 박영규 선생님의

조선 시대에는 어떤 관청이 있었을까?

그린이 **구연산**

경민대학에서 만화예술을 전공했으며, 프리랜스 일러스트레이터로 활동하고 있습니다.
그린 책으로는《한 권으로 읽는 교과서 우리 돈》《한 권으로 읽는 우리 과학》
《학교 가기 싫은 아이 학교 가고 싶은 아이》《부자 마인드》《병원에 간 명탐정 홈스》등이 있습니다.

01 박영규 선생님의 우리 역사 넓게 보기
조선 시대에는 어떤 관청이 있었을까?

1판 1쇄 발행 | 2008. 2. 26.
1판 8쇄 발행 | 2016. 12. 20.

박영규 글 | 구연산 그림

발행처 김영사 | 발행인 김강유
사진제공 권태균
등록번호 제 406-2003-036호 | 등록일자 1979. 5. 17.
주소 경기도 파주시 문발로 197 (우 10881)
전화 마케팅부 031-955-3102 편집부 031-955-3113~20 | 팩스 031-955-3111

ⓒ 2008 박영규
이 책의 저작권은 저자에게 있습니다.
저자와 출판사의 허락 없이 내용의 일부를 인용하거나 발췌하는 것을 금합니다.

값은 표지에 있습니다.
ISBN 978-89-349-2833-1   73900
ISBN 978-89-349-1949-0   73900 (세트)

좋은 독자가 좋은 책을 만듭니다. 김영사는 독자 여러분의 의견에 항상 귀 기울이고 있습니다.
독자의견전화 031-955-3139 | 전자우편 book@gimmyoung.com
홈페이지 www.gimmyoungjr.com | 어린이들의 책놀이터 cafe.naver.com/gimmyoungjr

⚠주의 책 모서리에 찍히거나 책장에 베이지 않게 조심하세요.

01 박영규 선생님의

조선 시대에는
어떤 관청이 있었을까?

나랏일 돌보던 곳, 관청 이야기

박영규 글 | 구연산 그림

주니어김영사

조선 시대 관청 나들이를 떠나기 전에

역사란 무엇일까요?

박물관이나 유적지에서 만날 수 있는 옛사람들의 흔적일까요? 아니면 책장을 넘길 때마다 먼지 풀풀 날리는 오래된 책 속에 숨은 이야기들일까요?

역사는 현재에도 살아 움직이는 활발한 생명체라고 볼 수 있어요. 지금 우리들의 삶도 역사의 일부라 할 수 있지요.

지나간 역사는 끊임없이 우리에게 말을 걸고 있어요. 역사는 오늘을 살고 있는 우리에게 가르침을 주기도 하고 때로는 경이로움을 던지기도 하는 시간의 이야기이지요.

시간의 이야기를 제대로 즐기기 위해서는 우선 잘 알아야겠지요?

그래서 역사를 즐기기 위한 첫 공부로, 조선 시대의 관청을 알아보려고 합니다.

만약 동사무소, 경찰서, 소방서 등 각종 관공서와 공무원이 없다면 당장 생활이 불편해지고 나라가 마비되겠지요. 조선 시대의 관청도 그랬습니다. 나라를 움직이는 데 없어서는 안 되는 국가 기관이었지요.

이 책에 나오는 조선의 관청 이름이나 벼슬 이름이 처음에는 낯설게 느껴질 거예요. 하지만 무엇이든 자꾸 대하다 보면 쉬워지듯이 책의 끄트머리쯤 가면 자연스럽게 눈에 익고 입에 익을 것입니다.

과거와 현재를 비교할 수 있는 부분에서는 조선의 관청에 해당하는 현대의 관청을 밝혀 놓았어요. 현대의 관청을 이해하는 데도 작으나마 도움이 되겠지요?

사극에는 포도청이나 의금부에 끌려온 죄인이 포도대장이나 금부도사에게 취조를 당하거나, 사또가 있는 동헌 앞마당에 죄인이 불려와 곤장을 맞는 광경이 자주 나옵니다. 그런 장면을 보면서 우리는 포도청과 의금부가 어떻게 다른지, 동헌은 무엇이며, 아전은 누구인지 궁금합니다.

또한 삼정승이라 불리는 영의정, 좌의정, 우의정이 모여 나랏일을 의논하는 곳은 어디이며, 대신들이 임금께 아뢰는 자리는 무엇이며, 왕이 대신들과 의논하는 자리마다 귀퉁이에 앉아서 열심히 적고 있는 사람은 무엇을 하는 사람인지 의문을 갖게 되지요.

하지만 그런 점을 어른들께 여쭤 봐도 대부분 속 시원한 대답을 들을 수 없었을 거예요.

그런 의미에서, 이 책은 지금까지 어른들도 잘 몰랐던 조선 시대의 관청과 그곳에서 일했던 사람들 그리고 그들의 역할을 다루어 조선이라는 사회가 어떻게 운영되었는지를 보여 주려고 합니다.

우선 임금님과 왕실 주변의 일을 담당하는 관청부터 시작해서 왕실과 궁궐이 어떻게 운영되는지를 알아보려고 해요.

그 다음에 전체적인 나랏일을 보는 의정부와 6조, 그리고 각 지방의 일을 관리하는 지방 관청 등으로 나눠 알아볼게요.

자, 이제부터 신발 끈을 단단히 매고 조선 시대 관청 나들이를 떠나 볼까요?

박영규

차 례

조선 시대 관청 나들이를 떠나기 전에 4

제1장 조선의 중앙 관청

관청과 관리란 무엇일까요? 10
관청은 어떻게 구분할까요? 13
조선의 도읍지 한성과 궁궐 16
궐내각사의 종류와 위치 21
관청 아닌 관청 • 내명부 • 외명부 24
왕의 그림자 관청 • 내시부 • 내수사 • 승정원 35
조선 최고의 관청 • 의정부 • 6조 55
청백리의 산실, 언론 삼사 • 사간원 • 사헌부 • 홍문관 78
조선의 학문 기관 • 예문관 • 집현전 • 경연과 서연 • 성균관 87
세자궁의 관청 • 세자시강원 • 세자익위사 95

그 밖의 주요 관청 97
　• 의금부 • 한성부 • 종친부 • 의빈부 • 돈녕부 • 충훈부 • 춘추관 • 승문원 • 상서원
　• 통례원 • 종부시 • 봉상시 • 사옹원 • 내의원 • 전의감 • 상의원 • 관상감 • 소격서
　• 용호영 • 선전관청

소규모 중앙 관청 123
　• 장예원 • 교서관 • 사복시 • 사도시 • 사섬시 • 내자시 • 내섬시 • 예빈시 • 군기시
　• 군자감 • 제용감 • 선공감 • 사재감 • 장악원 • 사역원 • 종학 • 수성금화사 • 전설사

• 풍저창 • 광흥창 • 전함사 • 전연사 • 종묘서 • 사직서 • 평시서 • 사온서 • 의영고
• 장흥고 • 빙고 • 장원서 • 사포서 • 양현고 • 조지서 • 혜민서 • 활인서 • 도화서
• 전옥서 • 와서 • 4학 • 5부

제2장 조선의 지방 관청

8도   142

지방 관청의 체계 • 도 • 부 • 목 • 도호부 • 군 • 현   143

지방 관아의 체계 • 이방 • 호방 • 형방 • 예방 • 병방 • 공방   151

병조의 지방 관직 • 병마절도사 • 병마절제사 • 수군통제사와 수군절도사 • 찰방   160

조선 시대 관청 나들이를 마치며   168
찾아보기   169

역사 깊이 읽기

궁녀는 어떤 사람일까요?   28
다른 나라에도 환관이 있었을까요?   39
세계적인 문화유산 《승정원일기》   53
과거에 함께 합격한 사람, 동년   66
5위도총부와 훈련원   70
포도청은 어떤 곳일까요?   74
종친 세력의 견제   101
궁녀와 의녀는 어떻게 다른가요?   113
조선 시대의 기술 고시, 잡과   117
학교를 싫어한 왕족들   128
조선 시대 관리들은 봉급을 어떻게 받았을까요?   131
사또와 원님은 어떻게 다를까요?   150
탐관오리의 횡포   157

경복궁 전경

관청과 관리란 무엇일까요?

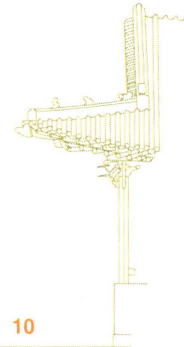

국가가 유지되기 위해서는 반드시 국가의 일을 하는 사람이 있어야 합니다. 그들을 공무원이라고 부르지요. 이런 공무원들이 근무하는 곳을 관청이라고 합니다.

그러니 관청에 대해서 알지 못하면 국가가 어떻게 운영되는지를 알 수 없겠지요. 다시 말해서, 관청만 잘 알면 그 나라의 사정을 훤히 알 수 있게 됩니다. 조선 시대를 알고 싶으면 조선 시대의 관청에 대해 먼저 알아야겠지요?

사실, 관청이라는 말은 요즘 사람들에게 다소 낯설고 딱딱한 단어일지도 모릅니다. 하지만 동사무소, 구청, 시청 같은 말은 잘 알고 있겠지요? 이런 곳처럼 공무원들이 국가와 국민을 위해 일하는 기관을 관청이라고 합니다.

관청의 역사는 매우 깁니다. 국가가 생긴 이래 관청이 없었던 적은 없었으니까요. 그리고 관청이 있으면 당연히 그곳에서 근무하는 사람도 있었겠지요.

옛날에는 관청에서 근무하는 사람을 '관원' 또는 '관리'라고 했으며, 관리들 중에서도 높은 벼슬을 가진 사람들을 '관료'라고 했습니다. 원래 관원이란 관청의 구성원이라는 뜻이고, 관리란 관청에서 일하는 벼슬아치라는 뜻입니다. 또한 관료란 같은 관직을 가진 동료를 뜻하기도 하고, 특수한 권력을 가진 신하들을 가리키기도 합니다.

지금도 가끔은 관료라는 말을 쓰지만, 대개는 모두 '공무원'이라고 부릅니다. 공무원이란 말 그대로 공적인 일, 즉 국가를 위한 업무를 하는 사람들을 가리킵니다.

공무원에는 대통령을 비롯해 국무총리, 각 행정 기관의 장관과 그 아래 부하 직원 모두가 포함됩니다. 물론 경찰이나 군인, 판사, 검사 등도 모두 공무원이지요. 변호사나 의사도 공무원이냐고요? 그건 아닙니다. 의사 중에도 국가의 병원에 소속된 사람은 공무원이지만, 그 외의 의사들은 공무원이 아닙니다. 그리고 변호사 중에서도 국가 기관에서 일하는 사람이라면 당연히 공무원이겠지요.

그렇다면 조선 시대의 왕도 공무원일까요? 요즘은 대통령도 공무원이니까 왕도 공무원이라고 생각할지 모르지만, 왕은 공무원이 아닙니다. 이것이 민주주의 국가와 왕조 국가의 가장 큰 차이라고 할 수 있습니다.

민주주의 국가의 주인은 국민이지만, 왕조 국가의 주인은 왕입니다. 따라서 왕조 국가에서는 모든 관리, 즉 공무원은 '신하'라고 부르고, 왕은 그들의 주인이기 때문에 '주군'이라고 불렀습니다. 주군이라는 말은 주인이자 임금이라는 뜻입니다. 왕은 백성들로부터 세금을 거둬들여 신하들에게 월급이나 땅 또는 곡식을 주고 일을 시켰습니다.

하지만 민주주의 국가에서는 국민이 대통령을 투표로 뽑아서 그에게 월급을 주고, 공무원들에게 일을 시키도록 합니다. 말하자면 민주주의 국가에서는 대통령도 국민으로부터 월급을 받고, 주어진 일을 하는 일꾼인 셈이지요. 그리고 대통령은 임기가 끝나면 더 이상 대통령 일을 할 수 없습니다.

이에 비해 왕은 한 번 왕위에 오르면 쫓겨나지 않는 한 죽을 때까지 왕 노릇을 합니다. 왕조 국가에서는 왕을 대통령처럼 선출하는 것이 아니니까요.

하지만 아무리 왕이라고 해도 혼자서는 나라를 이끌 수 없었겠지요? 그래서 신하들이 필요한 것입니다.

그렇다면 조선 시대의 관리들은 어디서 근무했을까요? 물론 관청에서 근무했겠지요. 그런데 관청들은 모두 어디에 있었을까요? 사실, 이 내용을 잘 아는 사람은 많지 않답니다. 왜냐하면 관청에 대해 자세하게 설명해 놓은 책이 없기 때문입니다.

그럼, 지금부터 관청에 대해서 자세히 설명할 테니, 잘 들어 보세요.

관청은 어떻게 구분할까요?

조선의 관청은 크게 도읍(수도)인 한양에 있는 중앙 관청과 경기도를 비롯한 8도에 있는 지방 관청으로 나눌 수 있습니다.

중앙 관청은 모두 도성인 한성 안에 있었는데, 그것도 궁궐 안이나 궁궐 주변에 있었습니다. 여기서 도성이란 성으로 둘러싸인 도읍을 뜻하며, 한성이란 한양 땅을 성곽으로 둘러쌌기 때문에 부르는 명칭입니다.

중앙 관청 중에서 궁궐 안에 있는 것을 궐내각사, 궁궐 바깥에 있는 것을 궐외각사라고 했습니다.

그렇다면 지방 관청에는 어떤 것이 있었을까요? 지방 관청을 알기 위해서는 먼저 조선의 영토가 전국적으로 어떻게 구분되었는지를 알아야 합니다.

조선은 전국을 여덟 개의 도로 나눴습니다. 흔히 이것을 조선 8도라고 합니다. 8도를 구체적으로 살펴 볼까요? 먼저 도성이 있는 경기도를 중심으로 북쪽으로는 황해도, 평안도, 함경도가 있었고, 동쪽으로는 강원도, 남쪽으로는 충청도, 전라도, 경상도가 있었습니다. 8도의 이름은 지금도 그대로 사용하고 있으니까 여러분도 잘 알고 있겠지요?

도의 가장 높은 공무원을 지금은 도지사라고 부릅니다. 조선 시대에는 도지사를 '관찰사'라고 불렀습니다. 그리고 관

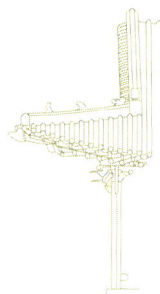

박영규 선생님의 우리 역사 깊이 읽기

조선팔도고금총람도

1673년에 김수홍이 만든 지도이다. 한반도의 가운데에 서울이 비교적 크게 그려져 있다. 다른 지방이나 고을은 이름만 쓴 대신에 서울은 성곽, 산, 강, 6조, 궁궐 등을 표기했다.

찰사가 머무르는 관청을 '감영'이라고 했습니다.

　하나의 도는 다시 부, 목, 도호부, 군, 현 등으로 나뉘었습니다. 부는 요즘의 광역시에 해당되고, 목은 광역시는 아니지만 시 중에서 규모가 큰 곳을 가리킵니다. 그리고 도호부는 요즘의 시에 해당되고, 군은 지금도 군이라고 부르고 있습니다. 마지막으로 현은 가장 작은 단위의 행정 기관으로 지금의 면에 해당됩니다.

　이외에 요즘은 읍이라는 것이 있지요? 읍은 군의 중심이 되는 곳으로, 이곳에는 대개 군청 소재지가 있습니다.

조선의 도읍지 한성과 궁궐

궐내각사와 궐외각사를 이해하기 위해서는 조선의 수도인 한양(한성)을 먼저 알아야 합니다.

한성은 지금의 서울 땅입니다. 하지만 지금의 서울은 조선 시대의 한성에 비해 훨씬 커진 것입니다. 원래 서울은 한성의 사대문 안쪽을 가리켰습니다. 사대문이란 '네 개의 큰 문'이라는 뜻으로 한성의 출입문에 해당하는 동, 서, 남, 북의 대문을 의미합니다. 우리는 지금 그 네 개의 문을 동대문, 서대문, 남대문 등으로 부르고 있지요. 물론 북대문도 있었습니다. 하지만 북대문이라는 말은 잘 사용하지 않기 때문에 여러분에게는 낯설게 느껴질 것입니다.

그런데 동대문, 서대문, 남대문, 북대문은 정식 명칭이 아닙니다. 사람들이 방향에 따라 알기 쉽게 불렀던 명칭이지요. 정식 명칭은 동대문은 흥인지문, 서대문은 돈의문, 남대문은 숭례문, 북대문은 숙정문이랍니다.

사대문 안쪽이라는 것은 한성 안쪽을 의미합니다. 그리고 한성 안으로 들어가면 북쪽 중심에 임금님이 사는 궁궐이 있었습니다.

궁궐을 중심으로 한성은 다섯 구역으로 나뉘었습니다. 궁궐 주변이 한성의 중심이기 때문에 중부라고 했고, 각 방향에 따라 동부, 서부, 남부, 북부로 나뉘었습니다. 이 5부에는

52개의 고을이 있었으며, 이 52개의 고을을 가리켜 52방이라고 했습니다. 이렇게 52방으로 이루어진 한성에는 약 10만 명 정도의 인구가 살았습니다.

한성은 처음부터 철저한 계획에 따라 만들어진 도시였고, 그 중심에는 궁궐이 있었습니다. 바로 이 궁궐 안에 있는 각 관청의 사무실을 궐내각사라고 불렀습니다.

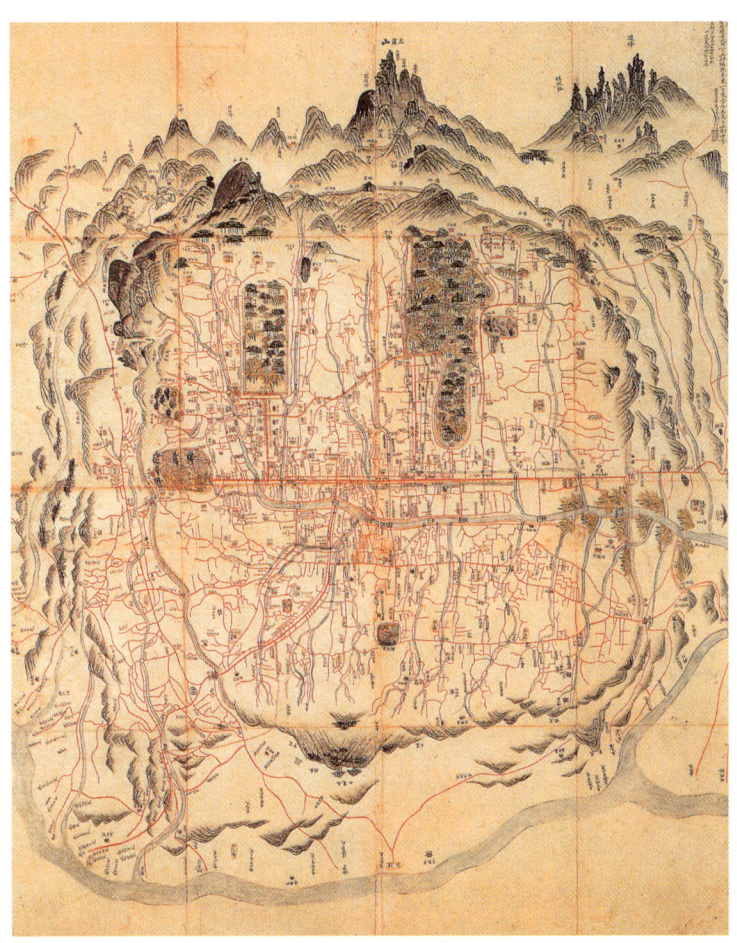

한성도성도

조선의 수도 한양을 그린 지도이다. 한양을 둘러싼 산들을 둥글게 그리고 그 안에 도성과 궁궐, 도로와 수로, 행정 지명을 자세히 적어 놓았다.

먼저 궁궐에 대해 간단히 살펴봅시다. 궁궐은 왕과 왕족이 살던 '궁전'과 궁전 출입문 좌우에 세웠던 망루나 담장을 일컫는 '궐'을 합친 말입니다.

이런 궁궐은 쓰임새에 따라 몇 가지로 나뉘었습니다. 우선 임금님이 항상 거처하며 정사를 돌보는 궁궐을 '정궁'이라고 했고, 정궁에 불이 났거나 수리할 일이 있어 잠시 옮겨 가서 일하는 곳을 '이궁(임금이 잠시 옮겨 간 궁궐이라는 뜻)'이라고 했습니다.

그 외에 '별궁'과 '행궁'이 있었습니다. 별궁은 임금이 왕위에 오르기 전에 머무르던 집이나 왕비나 세자빈을 맞아들이던 곳이었고, 행궁은 왕이 피난을 가거나 휴가를 갈 때 잠시 묵던 집이었습니다.

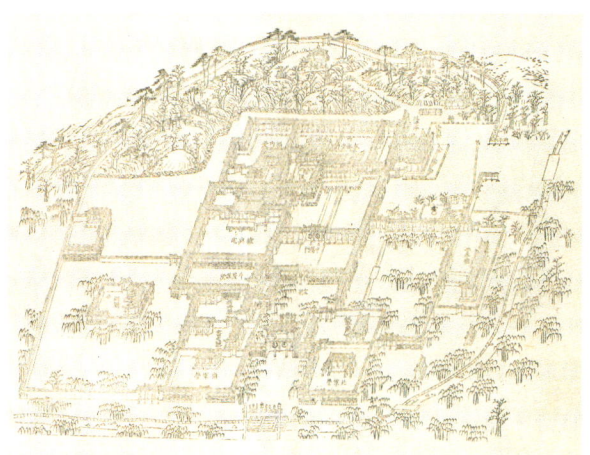

행궁 전도

행궁은 왕이 피난을 가거나 휴가를 갈 때 잠시 머무르던 곳이다. 대표적인 행궁으로 남한산성 행궁, 북한산성 행궁, 수원 화성 행궁, 온양 행궁 등이 있다.

조선 왕조의 정궁은 경복궁이었습니다. 이렇게 경복궁을 정궁으로 쓸 때에는 창덕궁이 이궁이었습니다. 그러나 임진왜란으로 경복궁이 불탄 뒤에는 창덕궁을 정궁으로 쓰고 경희궁을 이궁으로 사용했습니다.

그렇다면 궁궐 안은 어떻게 나뉘었을까요?

궁궐은 크게 외전과 내전으로 나뉘었습니다. 임금이 업무를 수행하는 데 필요한 곳은 궁궐 정문에 가까운 바깥쪽에 두었기 때문에 '외전'이라고 했습니다. 임금이 개인적인 생활을 하는 곳은 정문에서 훨씬 안쪽에 두었으므로, 이를 '내전'이라고 했습니다.

내전과 외전을 구체적으로 살펴볼까요?

내전에는 임금이 잠을 자는 침전, 왕비가 머무는 중궁전, 대비가 머무르는 대비전, 그리고 후궁들이 머무는 여러 집이 있었습니다.

외전에는 임금이 공식적인 행사를 치르거나 업무를 볼 때 이용하는 정전(경복궁의 근정전, 창덕궁의 인정전, 창경궁의 명정전 등이 해당됨), 편하게 일하는 업무실인 편전, 그리고 신하들이 업무를 보는 궐내각사 등이 있었습니다.

궐내각사는 외전 중에서도 가장 바깥에 위치했습니다. 바깥쪽에 있어야 신하들이 드나들기 편하고, 임금을 보호하기도 쉬웠기 때문입니다.

이번에는 궁궐 밖으로 나가 볼까요?

우선 조선의 정궁이자 가장 큰 규모를 자랑하는 경복궁 밖을 살펴보면, 경복궁에도 한성과 마찬가지로 동서남북에 큰 문이 하나씩 있었습니다. 동문은 건춘문, 서문은 영추문, 남문은 광화문, 북문은 신무문이라고 했습니다. 이 중에서 남문인 광화문이 경복궁의 정문에 해당됩니다.

광화문 밖을 나서면 가운데에 큰길이 있었고, 그 길 양쪽에는 관청이 늘어서 있었습니다. 바로 이러한 관청들을 궐외각사라고 했습니다.

궐외각사가 늘어서 있는 거리를 다른 말로 '6조 거리'라고 불렀습니다. 그곳에는 조선 관청의 가장 중요한 부서인 6조, 즉 이조, 호조, 예조, 병조, 형조, 공조의 관청이 있었기 때문이지요.

이렇게 중앙 관청은 크게 궐내각사와 궐외각사로 구분되었습니다.

광화문과 6조 거리

구한말에 6조 거리를 찍은 사진이다. 경복궁의 남문인 광화문 밖으로는 큰길 양쪽에 6조의 관청들이 늘어서 있었다. 이러한 관청들은 궁궐 바깥에 있다는 뜻에서 궐외각사라고 불렸다. 양반과 평민들이 궐외각사에 업무를 보기 위해 줄지어 서 있다.

궐내각사의 종류와 위치

궁궐 안에는 관청이 몇 개나 있었을까요? 그리고 그 관청들은 어디에 있었을까요? 경복궁 안으로 들어가면서 궐내각사의 위치를 살펴봅시다. 지금은 없지만 경복궁 안에는 많은 궐내각사가 있었습니다. 자, 조선 시대의 경복궁을 상상하면서 들어가 볼까요?

우선 경복궁의 정문인 광화문으로 들어서면 정면에는 흥례문이 보이고, 왼쪽(서쪽)에는 용성문이 있고, 오른쪽(동쪽)에도 작은 문이 하나 있었습니다.

흥례문을 중심으로 왼쪽에는 전소사, 교서관과 승문원이 있었고, 오른쪽에는 전설사가 있었습니다.

그리고 용성문을 열고 안으로 들어가면 내사복이라는 관청이 하나 있었습니다. 또 용성문의 반대편에 있는 문을 열고 들어가면 5위도총부가 있었습니다.

경복궁 안으로 계속 들어가 봅시다.

흥례문을 열고 안으로 들어서면 정면으로는 근정문이 보이고, 왼쪽으로는 유화문이 있습니다. 근정문 안쪽에는 물론 근정전이 있겠지요. 그런데 근정문 안쪽은 임금님이 업무를 보는 공간이기 때문에 어떤 관청도 있을 수 없었습니다. 따라서 대다수의 궐내각사는 유화문을 열고 들어가야 만날 수 있었습니다.

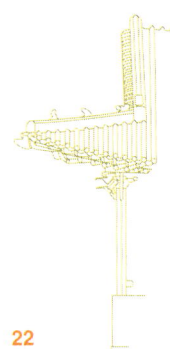

북궐도형

조선의 으뜸 궁궐인 경복궁에는 330여 동의 건물이 빼곡히 들어서 있다. 광화문 — 흥례문 — 근정문 — 근정전 — 사정전 — 강녕전 — 교태전으로 이어지는 직선축이 뚜렷하며, 그 축을 경계로 좌우의 영역이 거의 동일하게 배분되어 있다.

향원정

아미산

경회루

교태전

강녕전

사정전

수정전

근정전

근정문

유화문

홍례문

내사복

용성문

5위도총부

광화문

유화문을 열고 들어가면 사간원이 맨 앞에 있었고, 그 안쪽에는 승정원, 홍문관, 예문관이 나란히 있었습니다. 거기서 더 안쪽으로 들어가면 흠경각, 내의원, 사복시, 상서원, 춘추관, 관상감, 내반원, 수정전 등을 볼 수 있었습니다.

하지만 지금 유화문 안쪽에는 수정전 외에는 제대로 남아 있는 관청이 하나도 없습니다. 모두 일제 강점기 때 허물어졌기 때문이지요.

그리고 근정전 동쪽에 있는 일화문을 빠져나가면 세자가 머무르는 동궁이 나오는데, 이곳에는 세자익위사와 세자시강원이 있었습니다.

이렇듯 궐내각사는 모두 근정전 담벼락 바깥에 있었습니다. 그런데 비록 관청은 아니지만 관청 구실을 했던 유일한 부서 하나가 근정전보다 더 깊숙한 곳에 자리하고 있었습니다. 그것은 다름 아닌 내명부였지요.

그런데 이런 궐내각사들이 무슨 일을 했을까요? 자, 지금부터 궐내각사들이 무슨 일을 했으며, 그곳에는 어떤 사람들이 근무했는지 내명부부터 차근차근 알아볼까요?

내명부

관청 아닌 관청

내명부란 대궐 안에서 생활하며 왕으로부터 벼슬을 받은 여성들을 가리킵니다. 벼슬을 받은 여인들을 명부라 했는데 대궐 안에 있는 여인들을 내명부, 대궐 밖에 있는 여인들을 외명부라고 했습니다.

내명부는 크게 후궁과 궁녀로 구별할 수 있는데, 왕의 후궁인 종4품 숙원 이상은 직무가 없었고, 정5품 상궁부터 직무가 있었습니다. 한편, 세자궁에 속한 내명부는 종5품 소훈 이상이 후궁이므로 직무가 없었고, 종6품 수규부터 궁녀로서의 직무가 있었습니다.

이러한 내명부를 지휘하는 사람은 물론 왕비였습니다. 왕비는 왕과 마찬가지로 품계를 초월하는 절대적인 존재였습니다.

왕의 후궁들은 대체로 좋은 가문의 딸로서 정식 간택을 거쳐 맞이하는 경우가 많았습니다. 반면에 궁녀는 천민 중에서 뽑아 쓰도록 법으로 정했지만, 조선 시대 내내 이 법은 지켜지지 않았고 대부분 평민이나 중인의 딸을 뽑았습니다.

중인이 뭐냐고요? 중인이란 조선 시대의 전문직 관리를 말합니다. 이를테면 통역을 맡은 역관, 환자 치료를 담당하는 의관, 수학에 관한 업무를 맡은 산관, 법률에 관한 업무를 맡은 율관, 그림을 맡은 화관, 글을 베끼는 업무를 하는 사자관 등입니다. 물론 이외에 관리 밑에서 보조 업무를 맡은 사람들도 중인에 속합니다.

어쨌든 궁녀는 이렇게 평민이나 중인의 딸을 택해 궁궐에서 일하도록 한 사람입니다. 그런데 이런 궁녀 중에도 왕의 사랑을 받아 후궁이 되는 경우가 있었습니다. 심지어 왕비가

내명부의 품계와 작위

품계	내명부	세자궁
정1품	빈	
종1품	귀인	
정2품	소의	
종2품	숙의	양제
정3품	소용	
종3품	숙용	양원
정4품	소원	
종4품	숙원	승휘
정5품	상궁 / 상의	
종5품	상복 / 상식	소훈
정6품	상침 / 상공	
종6품	상정 / 상기	수규 / 수칙
정7품	전빈 / 전의 / 전선	
종7품	전설 / 전제 / 전언	장찬 / 장정
정8품	전찬 / 전식 / 전약	
종8품	전등 / 전채 / 전정	장서 / 장봉
정9품	주궁 / 주상 / 주각	
종9품	주변치 / 주치 / 주우 / 주변궁	장장 / 장식 / 장의

된 경우도 있었지요. 그 대표적인 여인이 숙종의 왕비였던 '장 희빈'입니다. 처음에는 궁녀였더라도 이처럼 왕비까지 오를 수도 있었으니 궁녀들의 지위도 만만치 않았겠지요?

이러한 궁녀들은 나라에서 월급을 받았으니 이들이야말로 최초의 여성 공무원이라 할 것입니다.

역사 깊이 읽기

궁녀는 어떤 사람일까요?

궁녀란 말 그대로 궁궐 안에서 근무하는 여자들을 말합니다. 궁녀는 '궁중여관'을 달리 부르는 이름으로, 궁궐에 머물면서 일정한 지위와 월급을 받던 왕조 시대의 여성 공무원을 가리킵니다. 왕비가 다스리는 내명부에 소속된 궁녀는 내명부의 품계를 받는 상궁, 나인과 품계를 받지 못하는 비자, 방자, 무수리 등으로 구분되었습니다. 궁녀들의 조직은 규칙이 엄격했고 선배와 후배 사이의 관계도 매우 엄했습니다. 그래서 매우 일사불란하게 움직였고 명령 전달도 잘 이루어졌습니다.

상궁의 조직 체계

상궁의 우두머리를 제조상궁이라 했습니다. 제조상궁은 큰방상궁이라고도 불렸으며, 700여 명에 달하는 궁녀들을 지휘하고 통솔하는 일을 맡았습니다.

여자 관리이지만 제조상궁은 궁녀들의 재상이라 할 만큼 대단한 권력을 가지고 있었고, 엄격한 법으로 궁녀들을 다스렸습니다.

제조상궁의 품계는 정5품에 불과했지만, 정1품인 조정의 재상들조차 제조상궁을 함부로 대하지 않았습니다. 오히려 재상들은 제조상궁에게 잘 보이려고 애를 썼습니다. 그래서 어떤 재상들은 상궁들과 의남매를 맺기도 했답니다. 그만큼 상궁들의 위세가 대단했던 것이지요.

사실, 일반 신하는 절대로 왕과 왕비를 일대일로 만날 수 없었고, 자주 보지도 못했습니다. 하지만 상궁은 늘 왕과 왕비를 만날 수 있었기 때문에 신하들로서는 상궁들에게 잘 보여야만 했던 것입니다. 때로는 상궁의 말 한마디가 신하의 목숨을 빼앗을 수도 있고, 신하의 출세를 보장할 수도 있기 때문이었지요.

이렇게 권력이 막강했던 상궁의 조직을 보면 제조상궁을 우두머리로 해서 부제조상궁이 있었고, 다음으로는 지밀상궁, 감찰상궁, 보모상궁, 시녀상궁 등의 순서로 되어 있었습니다. 그리고 지밀상궁처럼 각 방마다 큰 상궁이 배치되어 있었고, 큰 상궁 아래에 작은 상궁들이 있었습니다. 작은 상궁 아래에는 나인들이 있었고, 나인들 아래에 견습나인들이 있었습니다. 그리고 견습나인들 아래에도 비자나 무수리와 같은 노비들이 배치되어 있었습니다.

궁녀의 월급

조선 시대 궁녀의 월급에 대한 기록은 남아 있지 않습니다. 하지만 조선이 망한 후인 1925년의 기록은 남아 있습니다. 당시 나라는 비록 망했지만 조선 왕실을 보살피는 궁녀는 남아 있었지요. 이때의 기록에 따르면 궁녀의 월급은 다음과 같았습니다.

아기나인은 월급으로 흰쌀 4말을 받았고, 거기에 해마다 명주와 무명을 1필씩 그리고 솜 10근을 받았습니다. 월급은 아기나인에게 직접 주지 않고 집으로 보냈습니다.

다른 궁녀들의 월급을 보면 지밀궁녀의 월급이 가장 많았고, 나머지 궁녀들은 비슷했습니다. 지밀궁녀의 월급은 가장 적게 받는 사람이 50원, 가장 많이 받는 사람이 196원이었습니다. 당시 1원이 지금의 1만 2천 원 정도의 가치에 해당되니까, 지밀궁녀의 월급은 60만 원~240만 원 정도였다는 것을 알 수 있습니다. 물론 입고 먹고 자는 것을 제외한 순수한 월급만 그렇다는 것이지요. 그리고 지밀 이외의 궁녀들 월급은 40원에서 80원 사이였습니다. 그러니까, 요즘 돈으로 약 50만 원~100만 원 정도 받은 것이지요.

그리고 노비였던 비자들은 18원을 받았다고 하는데, 요즘 돈으로 치면 22만 원 정도밖에 되지 않았습니다. 그러니 노비들이 아주 가난하게 살았다는 것을 짐작할 수 있겠지요?

궁녀의 근무 형태

궁녀는 대개 이틀에 한 번씩 당번을 서야 했습니다. 말하자면 2교대 근무를 한 셈이지요. 즉, 하루는 쉬고 하루는 근무하는 형태였습니다. 근무는 언제 교대했냐고요? 오후 3시 또는 4시에 한 번 하고, 새벽에 한 번 했습니다. 즉, 오후 3시부터 새벽 3시까지 12시간 근무를 했다고 보면 됩니다. 물론 계절에 따라 교대 시간이 조금씩 바뀌기는 했습니다.

궁녀에서 벗어난 여인들

궁녀들은 한 번 궁에 들어가 살게 되면, 늙어서 더 이상 일할 수 없을 때까지 나올 수 없었습니다. 그러니 일생을 궁궐에 갇혀서 고단한 삶을 살았던 것이 사실입니다.

하지만 때로는 임금의 눈에 들어 후궁이 되는 경우도 있었습니다. 대표적인 예로 숙종의 왕비였던 장 희빈과 영조의 어머니였던 숙빈 최씨를 들 수 있지요.

궁녀 장 희빈은 숙종의 총애를 받고 아들을 낳아 왕바

의 직위에까지 오릅니다. 그러나 훗날, 숙종이 왕비를 내쫓은 일을 후회하고 인현 왕후를 다시 불러들이자, 한 나라에 두 왕비가 있을 수 없다 하여 장 희빈은 다시 한 등급 아래인 '빈'으로 내려갑니다.

이에 질투가 난 장 희빈은 궁궐 안에 신당을 차려 놓고 인현 왕후를 저주하다가 발각되어 사약을 받고 비참한 최후를 맞이합니다.

그 인생이 너무나 파란만장하여 사극으로도 여러 번 다루어진 바 있는 장 희빈은 조선조의 대표적인 비운의 여인이었습니다.

흔히 '장 희빈'을 이름으로 알고 있는데, '희빈'은 내명부의 정1품 직위인 '빈' 앞에 한 글자의 휘호를 붙인 것입니다. 제대로 부르려면 '희빈 장씨'로 부르는 것이 맞습니다.

희빈 장씨 못지않게 사극에 자주 오르내리는 여인이 영조의 어머니였던 숙빈 최씨입니다. 숙빈 최씨는 궁궐의 무수리였습니다. 무수리는 지위가 낮은 천비로서 주로 물 긷는 일을 담당했습니다. 무수리 최씨가 어떻게 숙종의 눈에 띄어 총애를 받게 되었는지는 모릅니다.

아무튼 궁녀의 최하위직인 무수리도 후궁이 될 수 있었으니, 한 번 궁녀가 되었다고 해서 영원히 궁녀로 산 것은 아니라고 할 수 있겠지요.

외명부

외명부는 대궐 밖에 사는 왕의 친척이나 양반 관리들의 아내로서 왕으로부터 벼슬을 받은 여성들을 가리킵니다. 이를테면 정경부인, 숙부인 등이 바로 외명부를 부르는 벼슬 이름이었습니다.

여기에는 왕비의 어머니, 왕의 유모, 왕의 딸, 세자의 딸, 종친(임금의 친족)의 아내, 문무 관리의 아내가 모두 속했습니다.

외명부는 남편의 관직에 따라 벼슬을 받기는 했지만, 월급을 받거나 직무가 따로 있는 것은 아니었습니다.

하지만 나라에서 벼슬을 받는 만큼 높은 도덕성을 가져야 했고, 그에 따른 깍듯한 대우를 받는 일종의 명예직이었습니다.

외명부의 품계와 작위

품계	왕의 유모	왕비의 모	왕의 딸	세자의 딸
			공주(적녀) / 옹주(서녀)	
정1품		부부인		
종1품	봉보부인			
정2품				군주(적녀)
정3품 당상관				현주(서녀)

품계	종친의 처	문무관의 처
정1품	부부인(대군아내) / 군부인	정경부인
종1품	군부인	정경부인
정2품	현부인	정부인
종2품	현부인	정부인
정3품(상)	신부인	숙부인
정3품(하)	신인	숙인
종3품	신인	숙인
정4품	혜인	영인
종4품	혜인	영인
정5품	온인	공인
종5품	온인	공인
정6품	순인	의인
종6품		의인
정7품		안인
종7품		안인
정8품		단인
종8품		단인
정9품		유인
종9품		유인

왕의 그림자 관청

내시부

내시부는 왕궁 안에서 국왕을 비롯해 왕비, 왕대비, 세자 등의 시중을 드는 관청을 말합니다. 주로 음식물 감독, 명령 전달, 궁궐 문을 지키는 일, 청소 등 궐내의 모든 잡무를 담당했습니다.

내시란 본래 궁궐 안의 일을 보는 신하라는 뜻입니다. 그런데 아이를 낳을 수 있는 능력이 없는 고자들로 구성되었기 때문에 지금까지도 고자를 내시라 부르고 있습니다. 고자로서 관리가 된 사람들을 '환관'이라 부르기도 합니다.

그렇다면 조선 시대의 모든 내시는 환관이었을까요? 맞습니다. 하지만 고려 시대 이전에는 아니었습니다. 고려 시대에 내시부 관리는 환관이 아닌 일반 신하가 맡았습니다. 물론 그중에는 환관도 몇 명 섞여 있었습니다. 그러다 원나라가 고려를 지배한 뒤에 환관의 숫자가 많이 늘었고, 고려 말기에 이르러서는 내시부의 관원이 거의 환관으로 채워졌습니다. 그리고 조선이 건국되면서 내시부에는 오로지 환관들만 근무하게 되었습니다.

조선 시대 내시부의 최고위직은 종2품 벼슬인 상선이었습니다. 종2품은 지금의 관직으로는 차관에 해당합니다. 환관에게는 이렇게 높은 직위까지 허용되었지만, 직접 정치에 참

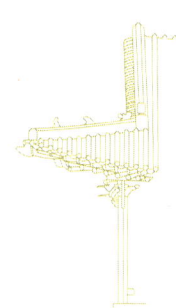

여하는 것은 엄격하게 금지되었습니다.

고려 시대에는 환관들이 세력이 커져 조정을 쥐고 흔들기도 했습니다. 이 때문에 조선에서는 내시의 정치 활동을 철저하게 규제했던 것입니다. 그래서 연산군 때 내시 김처선 같이 왕의 패륜 행위를 말리다가 미움을 받아 죽은 예는 있어도, 실제로 정치적으로 영향을 끼친 일은 거의 없었습니다.

내시들은 비록 궐내의 잡무에 해당하는 일들을 했지만, 끊임없이 교육을 받고 시험을 치러야 했습니다. 《논어》, 《맹자》, 《중용》, 《대학》 같은 사서와 《소학》, 삼강 행실 등을 교육받고 매달 시험을 치렀습니다. 평가는 제일 잘한 사람부터 통, 약통, 조통, 불통으로 받았는데, 불통인 사람은 다시 시험을 봐야 했습니다.

이렇게 철저하게 교육을 시킨 것은 왕과 왕비의 명령을 전달하는 자로서 기본적인 지식과 교양을 쌓게 하기 위해서였습니다. 한편으로는 끊임없이 공부하고 시험 보게 함으로써 그들을 손쉽게 통제할 수 있었기 때문이기도 합니다.

이곳의 관리는 모두 140명에 달했으며 1년에 네 차례 시험 성적과 근무 일수를 따져 근무 평가를 받았습니다.

그렇다면 이런 내시들은 모두 궁궐에서 근무했을까요? 원래 내시부는 궁궐 안에 있지 않았습니다. 내시부는 지금의 청와대 옆 효자동 쪽에 있었습니다. 경복궁이 있는 동네였지만 궁궐 내부는 아니었지요.

하지만 내시부의 일부는 궁궐 안에 있었습니다. 그 부서를 '내반원'이라고 했지요.

궁궐 속 내시부, 즉 내반원은 내시부에서 궁궐에 파견한 내시들이 머무는 사무실이자 숙소였습니다. 내반원에 근무하는 내시들은 대부분 '장번내시'였습니다.

장번내시가 무엇일까요? 내시들은 돌아가면서 당번을 섰는데, 당번이 되면 궁궐에 들어와서 근무를 서야 했습니다. 그리고 궁궐에서 근무를 서지 않는 내시는 내시부에서 근무를 했습니다. 그렇다면 근무를 서지 않을 때에는 어떻게 했을까요? 물론 다른 관리들과 마찬가지로 집으로 돌아갔겠지요. 하지만 집으로 퇴근하지 않는 내시들이 있었는데, 그 사람들을 장번내시라고 불렀습니다. 말 그대로 장번내시란 오랫동안 당번을 지속하는 내시를 의미합니다.

영조정순왕후가례도감 의궤

그림 앞쪽에 줄지어 걷고 있는 사람들이 내시들이다. 내시는 왕실 사람들의 시중을 들며 명령을 전달하는 역할을 했다.

그렇다면 장번내시는 가정이 없었을까요? 그렇지 않습니다. 모든 내시들은 가정을 꾸렸고, 아내와 자식도 있었습니다. 따라서 장번내시도 당연히 가정이 있고 돌아갈 집이 있었지요. 그러면 이들은 늘 궁궐에만 있었을까요? 그렇지 않습니다. 이들도 근무가 끝나면 집으로 돌아갔습니다. 다만 일반 내시들처럼 매일 돌아가는 것이 아니라 일정 기간 궁궐에서 근무하고 나서 며칠 동안 집에 가서 쉬고, 다시 일정 기간 궁궐에서 근무하고 다시 며칠 동안 집에 가서 쉬었습니다.

장번내시를 맡은 사람들은 스무 명 정도 되었는데, 이들은 임금과 왕비, 세자, 왕대비 등의 명령을 전달하거나 심부름을 하는 역할을 했습니다.

이런 장번내시의 벼슬을 살펴보면 장기, 장무, 승언색, 승전색 등이 있었습니다. 장기는 문서나 기록을 담당했고, 장무는 궁궐 안에서 오가는 일반적인 서류를 챙기는 일을 맡았습니다. 그리고 승언색은 세자의 비서로서 동궁(세자궁)의 심부름을 했고, 승전색은 왕이나 왕비의 비서로서 명령을 받고 심부름을 하는 역할을 했습니다.

물론 이들 중에서 가장 높고 권력이 강한 벼슬은 승전색이

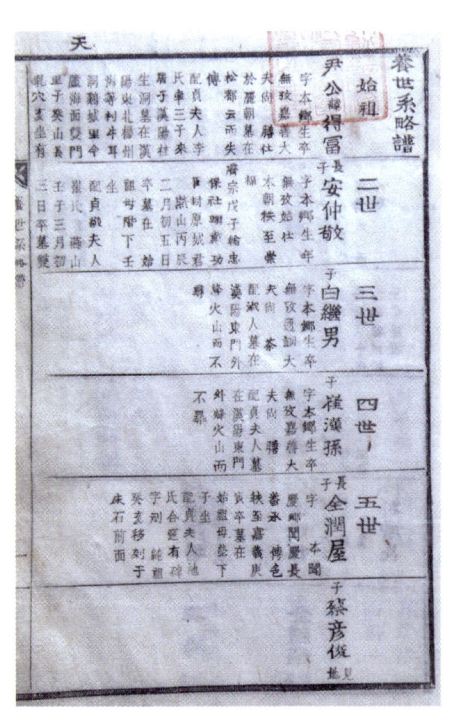

양세계보

고려 말부터 조선 초까지 내시였던 윤득부를 시조로 하는 족보이다. 내시들이 어떻게 결혼을 하고 어떻게 가세가 번창하고 몰락했는지 알 수 있다.

었습니다. 승전색은 늘 임금님을 모시고 있었기 때문에 웬만한 정승도 함부로 하지 못하는 막강한 권력을 가지고 있었습니다. 그래서 승전색이 욕심이 많고 못된 사람이면 궁궐이 매우 어지러워졌습니다. 연산군의 승전색이었던 김자원은 정승보다도 훨씬 강한 권력을 휘둘렀다고 합니다. 내시라고 해서 결코 만만하게 볼 사람들이 아니라는 것을 알 수 있겠지요?

역사 깊이 읽기

다른 나라에도 환관이 있었을까요?

대부분의 사람들은 환관이 중국이나 우리나라에만 있었다고 생각하지만, 그렇지 않습니다. 역사 속에서 환관이 가장 많았던 나라는 중국이었습니다. 명나라 때에는 10만 명이 넘는 환관이 있었으며, 환관이 되려고 고자가 되어 마을을 이루고 산 사람들도 30만 명이 넘었다고 합니다.

유럽에도 환관이 있었을까요? 물론입니다. 유럽의 로마 제국을 비롯해 그리스, 프랑스, 이탈리아에도 있었습니다. 아시아에서는 중국이나 우리나라 말고도 터키와 인도에도 있었고, 아프리카에서는 이집트에도 있었답니다.

그렇다면 일본에도 환관이 있었을까요? 아닙니다. 일본은 궁형(죄인의 생식기를 없애는 형벌)이 없었고, 환관 제도도 없었습니다.

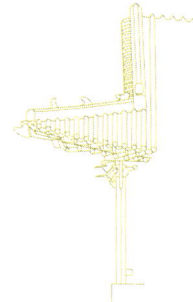

환관은 왜, 그리고 언제 생겼을까요?

환관은 원래 궁궐 안에서 왕실 사람들의 시중을 들기 위해 생겼습니다. 궁궐 안에 있는 궁녀들과 후궁들을 보호하기 위해 환관을 두었던 것이지요. 그렇게 하지 않으면 왕의 순수한 혈통이 보존되지 않는다고 생각했답니다.

이런 환관이 처음 생긴 것은 언제일까요? 중국 기록에 따르면 은나라 때부터 환관이 있었고, 그 이전에도 궁형이 있었던 것으로 보입니다.

그러면 우리나라에는 언제부터 환관이 있었을까요? 《삼국사기》에 보면 통일 신라 흥덕왕 시대에 처음으로 환관에 대한 기록이 보입니다. 따라서 약 1200년 전부터 우리나라에 환관이 있었다는 것을 알 수 있지요.

역사에 이름을 남긴 내시

궁궐에서 임금을 그림자처럼 보필하던 환관(내시)들이 역사에 이름을 남기기는 쉽지 않았습니다.

중국의 후한 시대를 뒤흔든 십상시나 원나라의 세력을 등에 업고 왕 못지않은 권력을 휘둘렀던 고려 시대의 몇몇 환관들이 나쁜 인상으로만 역사에 이름을 남겼을 뿐입니다.

그러나 조선 시대에 들어와서는 환관들이 왕실을 돕는 본연의 임무에 충실하게 되면서 충신 반열에 드는 인물들이 나왔습니다. 세종과 문종의 뜻을 받들어 단종을 끝까지 지키려다가 세조에게 희생된 환관 엄자치, 그리고 폭

군이었던 연산군의 잘못된 정치를 꾸짖다가 잔혹하게 살해된 김처선이 있습니다.

김처선은 단종에서 연산군에 이르기까지 50여 년 동안 환관으로 일했던 사람입니다. 단종, 세조를 거쳐 예종과 성종을 모시게 된 김처선은 성종의 두터운 신임을 받아 정2품 자헌대부까지 올랐습니다. 본래 환관은 종2품까지만 벼슬이 올라갈 수 있었지만, 성종이 그에게 특별히 판서와 같은 급인 자헌대부의 벼슬을 내렸던 것입니다.

그러나 성종에 이어 연산군을 모시게 된 김처선의 앞날은 순탄치 않았습니다. 김처선은 성격이 깐깐하여 부정한 일은 그냥 지나치지 못했습니다. 그래서 연산군이 흥청거리며 여색을 가까이 하는 일에만 정신을 쏟자, 정치를 돌볼 것을 간언하곤 했습니다. 연산군은 그런 김처선을 못마땅하게 생각하여 되도록 멀리했습니다. 그런 가운데 연산군이 무오사화와 갑자사화를 일으켜 살육을 일삼으며 궁궐에 피바람을 일으켰습니다.

김처선은 죽기를 각오하고 더 이상 살육을 하지 말라는 바른말을 했지요. 분을 참지 못한 연산군은 그에게 곤장 100대를 때리고 궁 밖으로 내쫓았습니다. 하지만 연산군의 폭정이 계속되자 김처선은 죽기를 각오하고 연산군을 찾아갔습니다.

상감마마~ 주색잡기를 그만하시고 옥체 보전하시어 나라를 살피소서.

"동서고금에 상감 같은 짓을 한 임금은 없었습니다."

그러자 즉시 연산군의 화살이 김처선의 갈빗대를 파고들었습니다.

"늙은 내시가 어찌 죽음을 두려워하겠습니까? 죽이십시오. 다만, 상감께서는 오래도록 임금 노릇을 하시지는 못할 것입니다."

이에 연산군은 미친 듯이 활을 쏘아댔고 그것도 모자라 칼을 들어 김처선의 팔과 다리를 잘랐습니다. 하지만 김처선은 죽을 때까지 말을 멈추지 않았다고 합니다.

연산군은 그러고도 분이 풀리지 않아 김처선과 이름이 같은 자는 모두 이름을 고치도록 했고, 김처선의 처(處)라는 글자를 쓰지 못하도록 했습니다. 심지어 24절기 중의 하나인 '처서'를 '조서'로 고치기도 했으며, 어떤 이는 과거 시험에서 '처(處)' 자를 썼다가 낙방하기까지 했다고 합니다.

그 뒤, 연산군은 김처선의 예언대로 왕위에서 쫓겨났으며, 영조 시대에 이르러서는 김처선의 충절을 기리는 정문이 세워졌습니다.

내수사

　내수사는 궁궐에서 쓰이는 물품을 관리하는 기관으로 이조에 소속되어 있었습니다. 왕실의 쌀, 베, 잡화, 노비 등 실질적인 왕의 재산을 관리하는 곳으로, 이곳 관원의 대부분은 내시들이었습니다.

　한편 내수사에서는 궁녀를 뽑는 일에도 관여했으며, 죄를 지은 내시나 궁녀를 내수사 옥에 가두는 일도 맡아 했습니다. 이는 내시나 궁녀도 왕에게 딸린 재산처럼 여겨졌다는 것을 말해 줍니다.

　얼핏 생각하면 나라의 재산은 왕이 자기 마음대로 할 수 있을 것 같지만 꼭 그렇지도 않았습니다. 왕의 의식주에 필요한 경비도 국가 기관에서 정했습니다. 그런데 이렇게 정해진 경비 외에 왕 자신이 따로 써야 할 돈이 필요하기도 했습니다. 이를테면 공주들이나 왕자들을 도와준다든지, 절에 시주를 한다든지, 또는 손자들에게  용돈을 준다든지 등등 여러분의 부모님 또는 할아버지, 할머니께서 돈이 필요한 이유와 똑같습니다. 이런 돈을 비밀스러운 돈이라고 해서 비자금이라고 하지요.

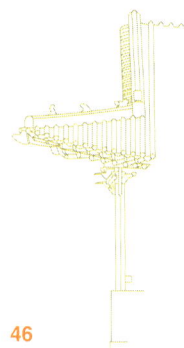

　내수사는 이러한 왕의 비자금을 관리하는 곳이었습니다. 돈은 항상 충직한 사람에게 맡겨야 하므로, 왕의 개인 비서라 할 수 있는 내시들을 이곳의 관리들로 썼던 것입니다. 내시들은 궁궐에서 일어나는 일을 철저히 비밀에 부쳤기 때문에 왕과 왕비가 가장 믿을 만한 사람들이었으니까요.

　내수사는 전국에 흩어져 있는 왕의 토지와 노비를 관리하고 불려 나갔습니다. 내수사를 통해 막대한 자금을 확보한 왕은 자신의 아들이나 딸에게 토지나 노비를 하사하기도 하고, 맘에 드는 신하에게 상을 내리기도 했습니다. 또한 왕의 어머니인 대비들은 거액의 돈을 절에 시주하는가 하면, 새로운 절을 짓기도 했습니다.

　그렇다고 내수사의 돈을 이렇게 개인적으로만 쓴 것은 아니었고, 나라에 재난이 일어났을 때에는 왕이 내수사의 자금을 풀어 사용하기도 했답니다. 그래서 백성들의 어려움을 구제하고 국가적인 위기를 헤쳐 나가는 자금으로 삼기도 했지요. 여왕이라는 소리까지 들었던 명종의 어머니 문정 왕후는 내수사의 재산을 적절히 이용해 권력을 유지했고, 고종의 황후 명성 황후는 조선을 망국의 위기에서 구하기 위해 내수사의 돈을 적절히 사용했다는 기록도 있습니다.

승정원

내명부와 내시부가 왕의 생활을 돕는 기관이라면, 왕의 정치를 돕는 기관이 있었는데 바로 승정원입니다. 승정원에는 왕이 가장 믿고 의지하는 사람들이 배치되었습니다.

승정원은 왕명을 내보내고 상소문을 올리는 등의 일을 했습니다. 지금으로 얘기하자면 대통령 비서실 같은 곳이지요.

조선 초기에는 군사적인 일을 담당했던 중추원에서 이런 비서실 역할도 했지만, 태종 때에 승정원을 독립된 기구로 만들었습니다.

국왕의 비서 기관이었던 승정원은 왕권이 강한지 약한지에 따라 그 영향력이 상당히 달랐던 것 같습니다. 왕권이 강했던 태종, 세종, 세조 때에는 승정원의 정치적 영향력이 상당히 컸습니다.

당시의 유명한 도승지(승정원의 으뜸 벼슬)로는 무려 24년 동안 정승 자리에 있어서 아예 '황희 정승'으로 불리는 황희가 있었으며 태종, 세종 때의 청백리로 소문난 맹사성도 승정원을 거쳤습니다.

승정원에는 도승지, 좌승지, 우승지, 좌부승지, 우부승지, 동부승지 등 6명의 승지가 있었으며 이들은 모두 정3품 당상관들이었습니다. 당상관이란 조정 회의에서 당상(임금이 계신 대청마루)에 앉을 수 있는 관원이라는 뜻입니다.

황희 정승 영정도

황희(1363~1452)는 조선 초기의 문신으로 조선 왕조 통틀어 가장 뛰어난 재상으로 꼽힌다.

조선 시대에는 어떤 관청이 있었을까?

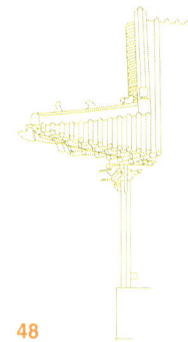

조선 왕조에서는 같은 정3품 관리라도 당상관과 당하관으로 나뉘었는데, 당상관과 당하관은 차림새나 대우에서 차이를 보였습니다. 당상관은 망건에 옥관자를 붙이고 '영감'이라는 존칭을 들은 반면에, 당하관은 까막관자를 붙이고 '나리'라는 칭호를 들었습니다. '관자'란 망건의 귀 부근에 달려서 줄을 걸어 넘기는 구실을 하는 조그맣고 동그란 돌을 말합니다.

정3품이나 당상관 같은 품계는 다음쪽에 표로 정리해 놓았으니 잘 살펴보세요.

승지 외에도 정7품의 주서 2인이 있었고, 서리 28인이 있었으니 승정원은 규모가 꽤 큰 비서실이었습니다.

지금의 청와대 비서실에도 비서실장을 비롯해 정책실장, 국가 안보 보좌관, 경제 보좌관, 외교 보좌관, 국방 보좌관, 정보 과학 기술 보좌관 등이 있고, 그 밑에 사회 정책 수석, 민정 수석, 인사 수석 등을 비롯한 수많은 참모와 비서진이 있으니, 예나 지금이나 관청 체계는 비슷하다 할 것입니다.

승정원의 여섯 승지들은 각자 6조의 업무를 나누어 맡았습니다. 도승지는 이조, 좌승지는 호조, 우승지는 예조, 좌부승지는 병조, 우부승지는 형조, 동부

《승정원일기》
조선 시대에 승정원에서 기록한 일기로, 《조선왕조실록》을 편찬할 때 기본 자료로 이용되었다. 2001년 9월 유네스코 세계기록유산으로 지정되었다.

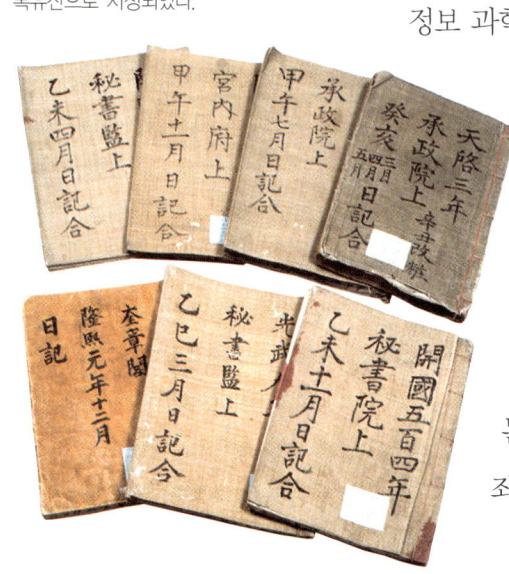

승지는 공조를 맡았으나 때로는 능력에 따라 업무를 변경하기도 했습니다.

승지의 품계는 정3품이었지만 종2품을 지낸 관리가 승지가 되는 경우도 많았습니다. 지금도 장관을 지낸 사람이 대통령 수석비서관에 임명되기도 하니까요.

왕명을 받고 내보내는 과정에서 왕은 승지에게 의견을 묻기도 했습니다. 그럴 때마다 승지들은 자신의 견해를 말하기도 하고, 중요한 일이 있을 때에는 임금께 직접 자신의 의견이나 여러 신하들의 의견을 아뢰기도 했습니다.

승지들은 이러한 고유 업무 외에 다른 기관의 직책을 겸하기도 했습니다. 일반적으로 임금께 경서를 강의하는 경연참찬관, 역사를 기록하는 춘추관, 수찬관을 겸했습니다. 또한 도승지는 경연(임금이 신하를 불러 경서와 왕도를 강의하게 하던 일)과 서적 관리를 맡은 홍문관 직제학을 겸하기도 하고 옥새, 병부 등을 맡아보던 상서원정을 겸하기도 했습니다.

이 밖에도 승지 중에는 내의원, 상의원, 사옹원의 부제조를 겸하는 사람도 있었으며, 형조를 맡은 승지는 죄수를 관리하는 전옥서제조를 겸하기도 했습니다.

이처럼 승지가 여러 가지 업무를 겸한 것은 왕을 제대로 보필하기 위해 다양한 정보가 필요해서였을 뿐만 아니라 왕명의 출납을 쉽게 하기 위해서였습니다. 승지들은 이렇게 겸직을 함으로써 궁궐 내부의 사정을 자세히 파악할 수 있었

양반의 품계와 해당 관직

품계	품계의 명칭	품계별 해당 관직
정1품	문 : 대광보국숭록대부(상), 보국숭록대부(하) 무 : 대광보국숭록대부(상), 보국숭록대부(하)	영의정, 좌의정, 우의정, 영사, 감사, 세자사, 세자부, 호위대장, 도제조
종1품	문 : 숭록대부, 숭정대부 무 : 숭록대부, 숭정대부	좌찬성, 우찬성, 판사, 세자이사, 세손사, 세손부
정2품	문 : 정헌대부, 자헌대부 무 : 정헌대부, 자헌대부	좌참찬, 우참찬, 지사, 판서, 판윤, 대제학, 세자좌빈객, 세자우빈객, 도총관, 제조
종2품	문 : 가정대부, 가선대부 무 : 가정대부, 가선대부	동지사, 참판, 좌윤, 우윤, 대사헌, 제조, 제학, 규장각제학, 부총관, 세자좌부빈객, 세자우부빈객, 훈련대장, 금위대장, 어영대장, 수어사, 총융사, 유수, 좌·우포도대장, 관찰사, 부윤, 병마절도사, 통어사, 통제사, 군문중군, 금군별장, 방어사
정3품	문 : 통정대부, 통훈대부 무 : 절충장군, 어모장군	당상관 : 도정, 부위, 참의, 참지, 도승지, 좌승지, 우승지, 좌부승지, 우부승지, 동부승지, 판결사, 대사간, 참찬관, 부제학, 규장각직제학, 대사성, 수찬관, 찬선, 보덕, 첨지, 오위장, 위장, 선전관, 군문별장, 겸사복장, 호위별장, 수군절도사, 병마절도사 당하관 : 첨위, 정, 직제학, 편수관, 좌유선, 우유선, 판교, 좌통례, 우통례, 찬선, 상호군, 목사, 대도호부사
종3품	문 : 중직대부, 중훈대부 무 : 건공장군, 보공장군	첨위, 부정, 집의, 사간, 전한, 사성, 참교, 상례, 편수관, 대호군, 부사, 병마첨절제사, 수군첨절제사, 병마우후
정4품	문 : 봉정대부, 봉렬대부 무 : 진위장군, 소위장군	사인, 장령, 시강관, 응교, 사예, 사업, 봉례, 서윤, 제검, 진선, 필선, 도선, 수, 전첨, 호군, 수군우후

품계	관계	관직
종4품	문 : 조산대부, 조봉대부 무 : 정략장군, 선략장군	경력, 첨정, 서윤, 부응교, 교감, 제검, 편수관, 좌익선, 우익선, 부호군, 군문파총, 군수, 동첨절제사, 병마만호, 수군만호
정5품	문 : 통덕랑, 통선랑 무 : 과의교위, 충의장군	검상, 정랑, 지평, 사의, 헌납, 시독관, 교리, 직장, 기주관, 전부, 찬의, 별좌, 문학, 사직, 익위, 전훈, 전수
종5품	문 : 봉직랑, 봉훈랑 무 : 현신교위, 창신교위	부교리, 승문원교리, 교서관교리, 사어, 별좌, 판관, 영, 기주관, 좌권독, 우권독, 부사직, 현령
정6품	문 : 승의랑, 승훈랑 무 : 돈용교위, 진용교위	좌랑, 감찰, 사평, 정언, 검토관, 수찬, 전적, 기사관, 교검, 별제, 사서, 익찬, 사회, 사과, 종사관, 평사
종6품	문 : 선교랑, 선무랑 무 : 여절교위, 승절교위	주부, 부수찬, 기사관, 규장각직각, 좌찬독, 우찬독, 인의, 교수, 겸교수, 위수, 장사, 의금부도사, 오부도사, 별제, 종사관, 부장, 수문장, 부사과, 현감, 찰방, 감목, 병마절제도위
정7품	문 : 무공랑 무 : 적순부위	참군, 주서, 가주서, 사경, 박사, 봉교, 기사관, 설서, 자의, 부수, 사정, 수문장
종7품	문 : 계공랑 / 무 : 분순부위	직장, 기사관, 종사, 전회, 부사정, 수문장
정8품	문 : 통사랑 무 : 숭의부위	사록, 설경, 저작, 대교, 학정, 부직장, 부검, 좌시직, 우시직, 사맹, 수문장
종8품	문 : 승사랑 / 무 : 수의부위	봉사, 전곡, 별검, 기사관, 부사용, 수문장
정9품	문 : 종사랑 무 : 효력부위	전경, 정자, 기사관, 검열, 학록, 규장각대교, 부봉사, 세마, 훈도, 사용
종9품	문 : 장사랑 무 : 전력부위	참봉, 탁유, 부정자, 의금부도사, 겸인의, 가인의, 감역, 가감역, 대군사부, 왕자사부, 왕손사부, 왕손교부, 교관, 분교관, 수봉관, 수위관, 부사용, 군문초관, 심약, 검율, 역승, 소모별장

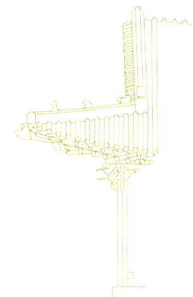

고, 좀 더 정확한 정보와 의견을 왕에게 전달할 수 있었던 것이지요.

조선 역사에서 국가에 많은 공헌을 했거나 정승을 했던 사람들 중에는 승지 출신이 아주 많습니다. 세종 시대의 명재상이었던 황희와 맹사성, 6진을 개척한 김종서도 승지 출신이었으며, 뛰어난 정치가이자 학자였던 율곡 이이, 조선 중기의 명재상 오리 이원익, 선조 시대의 명재상 서애 유성룡 등이 승정원을 거쳐 유명한 정치가가 되었습니다. 따라서 승정원은 최고의 인재가 모이는 곳이었고, 출세의 지름길이기도 했습니다.

역사 깊이 읽기

세계적인 문화유산 《승정원일기》

승정원에서는 왕명 출납과 관리의 임명, 상벌, 병무 행정, 외교 등 국정 일반에 관한 광범위한 사항을 《승정원일기》에 기록했습니다. 이것은 매일 중요한 사실을 기록한 자료이기 때문에 실록을 편찬할 때 아주 요긴하게 쓰였습니다.

《승정원일기》의 기록은 승정원의 정7품 관리인 주서 2인이 맡았습니다.

지금도 청와대 정무팀에 '국정 기록' 담당이 있고, '청와대 비서실 일지'가 기록되고 있다면 그것이 훗날 '대한민국실록'의 중요한 자료가 되겠지요.

조선 시대의 《승정원일기》는 현재 모두 남아 있는데,

조선 시대에는 어떤 관청이 있었을까?

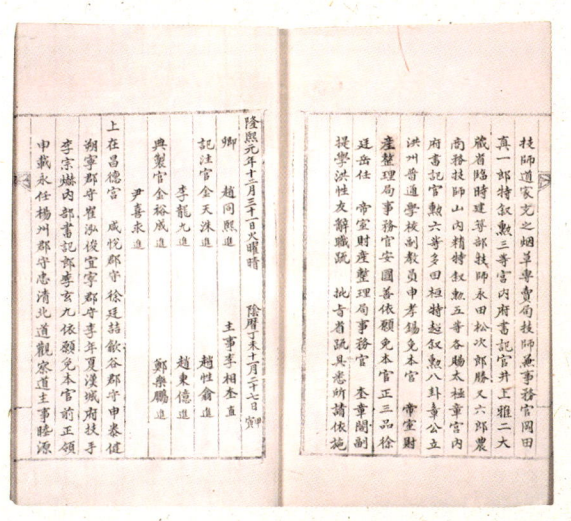

《승정원일기》 내지

《승정원일기》는 조선 시대의 정치, 경제, 국방, 사회 등에 대한 역사를 그대로 기록한 1차 사료로서 가치가 매우 크다.

그 양은 《조선왕조실록》의 네 배쯤 됩니다. 지금 《조선왕조실록》 번역본이 500페이지 책으로 430권에 달하니, 《승정원일기》가 번역되면 1,700권은 충분히 되겠지요. 하지만 안타깝게도 아직 번역은커녕 한문으로 된 원문을 컴퓨터에 다 옮기지도 못했답니다.

하지만 《승정원일기》가 남아 있다는 사실만으로도 벅찬 일이 아닐 수 없습니다. 전 세계 어디에서도 《승정원일기》처럼 방대한 비서실 기록을 찾아보기 힘드니까요. 그래서 《승정원일기》도 《조선왕조실록》과 더불어 유네스코 세계기록유산에 등재되어 있는 것입니다.

우리 조상님들 정말 대단하지요? 정말 자부심을 가져도 좋을 일이랍니다.

조선 최고의 관청

의정부

의정부는 조선의 모든 관리들을 통솔하고 일반 정사를 처리하던 최고의 정무 기관으로서 임금의 바로 아래에 위치했습니다.

1400년에 태조 이성계가 설치했는데, 나라의 중대한 일에 대해 삼정승의 합의를 끌어내고, 그것을 임금에게 아뢰어 집행하는 일을 했습니다.

영의정, 좌의정, 우의정, 좌찬성, 우찬성, 좌참찬, 우참찬 등이 속해 있었으니 나라의 최고 기구라 할 수 있겠지요.

그런데 태종은 의정부의 권력이 너무 커지는 것이 못마땅했습니다. 그래서 1414년, 왕의 권력을 강화하기 위해 자신이 직접 6조(이조, 호조, 예조, 병조, 형조, 공조)와 각 도의 일을 챙기고 결재하는 6조 직계제를 시행했습니다.

이 때문에 의정부는 합의 기구나 집행 기관으로서의 역할을 잃고, 단지 정승들의 의견을 임금에게 올리는 자문 기관 정도로 그 권한이 줄어들었습니다.

하지만 그 후 세종이 다시 의정부에게 각 도와 6조를 통제할 권리를 부여했습니다. 그것을 의정부 서사제라 합니다. 의정부 서사제는 지금으로 말하자면 '책임총리제'와 같은 것으로, 권력을 분산시키는 분권 정책에 해당한다고 할 수

조선 시대에는 어떤 관청이 있었을까?

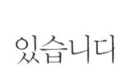

있습니다.

그 후, 단종을 내쫓고 왕위에 오른 세조는 왕권을 강화하기 위해 의정부 서사제를 폐지하고 다시 6조 직계제를 시행했습니다. 이렇듯 의정부는 왕의 성향에 따라 역할이 커지기도 하고 축소되기도 했습니다.

그러다가 중종 5년(1510)에 삼포왜란이 일어나자, 의정부의 삼정승과 군사 일에 밝은 대신들을 모아 급히 대책을 논의했습니다. 이렇게 설치된 임시 관청이 비변사입니다. 그 뒤 임진왜란을 전후하여 비변사가 상설 기관으로 자리 잡으면서 의정부의 기능을 대신하게 되었습니다. 특히 조선 중기 이후로는 비변사가 최고의 정치 기구로 자리 잡았습니다.

비변사에서는 의정부의 삼정승을 비롯해 6조의 판서들, 사헌부·사간원·홍문관의 관료들이 함께 모여, 나라의 군사적인 일과 정치를 논의하고 인사를 결정했습니다.

조선 말기까지 유지된 비변사는 비변사도제조, 제조, 낭관으로 구성되어 있었습니다.

의정부의 삼정승은 비변사에서 중요한 위치를 차지했지만, 의정부가 독자적인 힘을 발휘하지는 못했습니다. 그러다가 고종 1년(1864)에 대원군이 비변사를 폐지하자, 의정부는 그대로 남았지만 그때는 이미 이름뿐인 기관이었습니다.

왕이 절대 권력을 갖는 왕조 시대에 신하들에게 권력을 나눠 주는 의정부가 있다는 것 자체가 애초부터 모순이었는지도 모릅니다.

그래서인지 의정부는 태조와 세종 때에 잠시 합의 기구와 집행 기관의 역할을 수행했을 뿐, 그 뒤로는 그저 왕의 자문 기관에 지나지 않았고, 정1품 관청이라는 이름에 만족해야 했던 들러리 관청이었습니다.

의정부는 그야말로 정승의 부서라고 할 수 있습니다. 정승이란 나라를 떠받치는 기둥들을 의미하는데, 이들은 몇 살쯤 정승이 되었을까요?

대개는 50대에 정승이 되었습니다. 선조 시대를 예로 들면 박순은 50세, 유전은 55세, 이산해는 50세, 정철은 54세, 유성룡은 49세, 김응남과 이원익은 50세에 정승이 되었습니다.

심수경 같은 사람은 75세에 정승이 되었지만, 당시 사람들은 70이 넘은 나이에 정치하는 것을 부끄럽게 여겼습니다. 70이 넘으면 기로소라는 관청에

들어가 원로 역할을 해야 하는데, 여전히 의정부에 남아 정치하는 것은 옳지 않다고 여겼던 것이지요.

하지만 황희는 90세가 넘도록 정승 자리에 있었으니, 나랏일을 하는 데 꼭 나이를 따질 필요는 없을 것입니다.

6조

6조는 실제로 정무를 맡아 처리하던 큰 집행 기관 여섯 곳을 말합니다. 지금의 행정안전부와 같다고 생각하면 됩니다.

고려 시대에는 이조, 병조, 호조, 형조, 예조, 공조 순이었습니다.

그런데 유교 국가인 조선에 들어와서 주희가 지은 《주례》의 순서에 따라 이조, 호조, 예조, 병조, 형조, 공조 순으로 차례를 바꾸었습니다.

6조에는 당상관으로 판서, 참판, 참의가 있었는데, 병조에만 '참지'라는 당상관이 하나 더 있었습니다.

당상관 밑에는 낭청이라 불리는 정랑과 좌랑이 있어 실질적인 사무를 담당했습니다. 정랑과 좌랑이야말로 행정안전부의 꽃이라고 할 수 있는 관직이었습니다. 이 자리에는 젊고 학식이 풍부하며 청렴한 인재를 앉혔기에 훗날 이들이 정승, 판서의 자리에 오르는 일이 많았습니다.

6조에서는 '사'라는 이름으로 각각 부서를 나누어 사무를 분담했으며, 이 밖의 모든 중앙 관청은 6조의 속아문으로 나누어 소속시켰습니다. 여기서 아문이란 모든 관청을 가리키며, 속아문이란 어떤 부서에 속한 관청을 말합니다.

6조와 소속 관청

이조
문선사, 고훈사, 고공사

〈소속 관청〉
- 종부시
- 충익부
- 충훈부
- 상서원
- 내시부
- 내수사
- 사옹원
- 액정서

호조
판적사, 회계사, 경비사

〈소속 관청〉
- 내자시, 내섬시,
- 사도시, 사섬시,
- 군자감, 제용감,
- 사재감, 풍저창,
- 광흥창, 전함사,
- 평시서, 사온서,
- 의영고, 장흥고,
- 사포서, 양현고,
- 5부

예조
계제사, 전향사, 전객사

〈소속 관청〉
- 홍문관, 예문관, 성균관,
- 춘추관, 승문원, 통례원,
- 봉상시, 교서관, 내의원,
- 전의감, 예빈시, 장악원,
- 관상감, 사역원,
- 세자시강원, 종학,
- 소격서, 종묘서, 사직서,
- 빙고, 전생서, 사축서,
- 혜민서, 활인서, 도화서,
- 귀후서, 4학,
- 각 능(陵)과 전(殿)

병조
무선사, 승여사, 무비사

〈소속 관청〉
- 5위도총부
- 훈련원
- 사복시
- 군기시
- 전설사
- 세자익위사

형조
상복사, 고율사, 장금사, 장례사

〈소속 관청〉
- 장예원
- 전옥서
- 율학청
- 보민사
- 좌우포청
- 좌우순청

공조
영조사, 공야사, 산택사

〈소속 관청〉
- 상의원
- 선공감
- 수성금화사
- 전연사
- 장원서
- 조지서
- 와서

조선 시대에는 어떤 관청이 있었을까?

이조

이조는 문관의 선발과 임명 등을 맡았던 곳입니다. 지금의 행정안전부에 해당하지요.

조선 시대에는 문선사, 고훈사, 고공사라는 세 부서에서 이조의 업무를 분담했습니다.

문선사에서는 종친, 문관, 잡직 등의 벼슬을 임명하는 일, 임명장과 녹봉 증서를 발급하는 일, 문과의 생원·진사의 합격증을 내주는 일, 그리고 임시 직무의 선정, 취재 시험 등을 맡았습니다. 이 밖에도 이름 변경이나 죄인의 명부에 대한 관리를 맡기도 했습니다.

고훈사에서는 종친과 공신에게 작위와 시호를 주는 일, 제사를 담당하는 관리를 뽑는 일, 작위를 받은 여인들에게 증서를 내주는 일, 지방의 관리들에게 임명장을 발급하는 일 등을 맡아보았습니다.

고공사에서는 문관들의 공로와 과오, 근무 실태를 조사하고, 근무를 평가하는 일 등을 했습니다.

이 밖에 종부시, 상서원, 내시부, 충훈부, 사옹원, 내수사, 충익부 등이 이조에 속했습니다. 이 관청들은 이조에 속해 있었지만 대부분 자율적으로 운영되었습니다.

이조의 관리로는 판서·참판·참의 각 1인, 정랑·좌랑 각 3인 그리고 서리를 비롯한 하위직들이 있었습니다.

이조의 중대사는 판서, 참판, 참의가 처리했지만, 일상사는 정랑과 좌랑이 중심이 되어 처리했습니다. 이 정랑과 좌랑을 합쳐 '전랑'이라 부르기도 했습니다.

이 중에서도 인사권을 담당하는 이조 전랑은 홍문관 출신의 실력 있는 청년 문신 중에서 뽑았습니다.

이조 전랑은 문관 임명에 대해 정승, 판서도 함부로 할 수 없을 정도로 권한이 컸습니다. 이 같은 특권은 대신들의 권한을 견제하기도 했지만, 누가 전랑직을 차지하느냐가 권력의 방향을 결정했기 때문에 전랑직을 놓고 각 파벌 간에 치열한 쟁탈전이 벌어지기도 했습니다. 이런 일이 당쟁을 일으키는 원인이 되기도 했지요.

전랑직은 원래 물러나는 사람이 새 사람을 추천했는데, 이것이 파벌을 조성하고 당파 싸움에 이용되는 문제를 일으켰습니다. 그래서 선조 때에 전랑 추천제를 폐지했고, 이후로 전랑직의 힘은 많이 약해졌습니다. 특히 선조 이후 붕당의 싸움이 심해지면서 전랑은 과거와 같은 막강한 영향력을 행사하지 못했습니다.

호조

인구 조사와 세금, 나라의 살림살이에 관계된 일을 맡아보았던 곳입니다. 지금의 기획재정부, 지식경제부와 국세청 등을 합친 역할을 했지요.

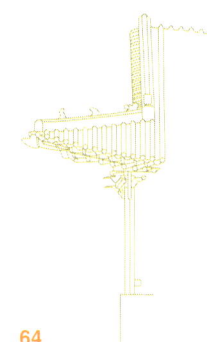

호조는 판적사, 회계사, 경비사 세 곳으로 나뉘어 업무를 보았습니다.

판적사에서는 호구 조사, 토지·부역·조세에 관한 일, 흉년에 곡식을 빌려 주는 일 등을 맡아보았습니다.

회계사에서는 서울과 지방 관청에 비축된 물건의 양을 관리하고, 한 해의 수입과 지출을 계산하는 일을 했습니다.

경비사에서는 서울에서 치르는 국가 행사에 쓰이는 경비, 왜인(일본 사람)들에게 주는 식량의 지출 등에 관한 일을 맡아보았습니다.

조선 중기 이후부터는 호적에 관한 일이 한성부로 넘어가는 등 여러 가지 업무가 늘거나 줄었지만, 호조는 1894년 갑오개혁 때 탁지아문으로 바뀔 때까지 유지되었습니다.

이곳의 관리로는 판서, 참판, 참의가 각 1인씩 있었는데, 호조 판서는 훈련도감, 비변사, 선혜청, 예빈시, 군자감 등의 제조도 겸했습니다. 이 밖에 정랑, 좌랑 각 3인, 산술(수학)을 가르치는 산학교수, 별제 등의 관원이 있었습니다.

예조

예조에서는 예의, 음악과 제사, 외교와 큰 잔치, 학교와 과거에 대한 일 등을 맡아보았습니다. 지금의 교육과학기술부,

외교통상부, 문화체육관광부, 보건복지가족부 등을 합한 것과 같은 행정 기관이었습니다.

유교 국가였던 조선에서는 예조가 하는 일이 어마어마하게 많았어요. 예조는 계제사, 전향사, 전객사의 3사로 나뉘었습니다.

계제사에서는 각종 의식과 제도, 조회와 경연, 역사를 쓰는 사관, 학교와 과거, 인장과 책봉문, 천문, 제삿날, 나라의 상사나 장사 등의 일을 맡았습니다.

전향사에서는 각종 궁중 연회와 제사, 제물, 음식물, 의약 등의 일을 맡았습니다.

전객사에서는 우리나라 사신과 중국 사신을 비롯해 왜인, 북쪽의 여진족 등을 맞이하며, 외국에서 조공하러 오는 이들에게 연회를 차려 주고 선물을 주는 일 등을 맡았습니다.

예조에 속한 속아문은 6조의 어떤 부서보다도 많았습니다. 홍문관, 예문관, 춘추관, 성균관, 승문원, 통례원, 봉상시, 예빈시, 전의감, 사역원, 관상감, 교서관, 내의원, 장악원, 세자시강원, 종학, 종묘서, 소격서, 사직서, 빙고, 전생서, 사축서, 혜민서, 도화서, 활인서, 귀후서, 4학, 대궐의 각 전각, 왕과 왕비를 모신 각 능이 모두 예조에 속한 관청이었습니다.

하지만 이 속아문의 일들은 중대한 경우를 제외하고는 그곳에 속한 관리들이 자율적으로 처리했습니다.

예조의 구성원은 판서·참판·참의 각 1인, 정랑·좌랑 각 3인, 그 밖에 서리를 비롯한 하위직들이 있었습니다.

역사 깊이 읽기

과거에 함께 합격한 사람, 동년

조선 시대에도 요즘처럼 꼭 대학을 나오지 않아도 공무원이 될 수 있었어요. 물론 조선 시대에도 대학은 있었지요. 국립대학인 성균관을 비롯해 전국에 흩어져 있던 서원이 모두 대학 역할을 했으니까요. 그래서 어느 서원을 나왔는지가 아주 중요했습니다. 하지만 함께 과거에 합격했다는 것도 중요했습니다. 요즘도 사법 고시 몇 회 동기,

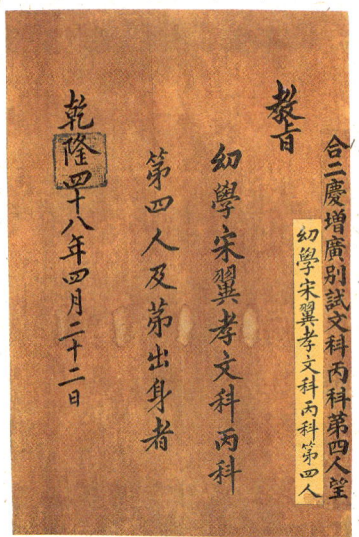

홍패

조선 시대 과거 시험인 대과에 급제한 사람에게 주는 합격 증서이다. 붉은색을 띤 종이로 만들어서 홍패라고 했다.

외무 고시 몇 회 동기 등의 표현을 쓰는 것처럼 조선 시대에도 비슷한 표현이 있었답니다.

조선 시대에는 과거 동기를 같은 해에 과거에 합격했다고 하여 '동년'이라고 불렀습니다. 그리고 함께 합격자 방에 붙었다고 하여 '동방'이라고도 했습니다. 이들은 과거에 합격한 뒤에도 계속 계 모임을 하기도 했습니다.

이들은 서로 나이에 따라 형 또는 아우라고 부르고, 나이 차이가 없으면 서로 터놓고 지냈습니다.

하지만 장원을 한 사람에 대해서는 그렇게 하지 않았습니다. 생원시나 진사시에 함께 합격했더라도 장원에 대해서는 존경의 표시로 '장원님'이라고 불러야 했습니다. 비록 장원이 나이가 어리더라도 감히 이름을 부르지 못했습니다.

과거 동기생 중에 생원시나 진사시에 함께 합격하고 또다시 대과인 문과에 함께 합격한 사이를 일컬어 '재년'이라고 불렀습니다. 이런 재년들 중에서 서로 장원한 경험이 있으면 서로를 장원님이라고 부르기도 했습니다. 선조 시대의 유명한 관료인 이광전과 심수경이 그런 관계였습니다. 심수경이 쓴 《견한잡록》이라는 책에 보면 이광전은 생원시에 장원하고 심수경은 문과에 장원했는데, 서로를 장원님이라고 불렀다는 기록이 있습니다.

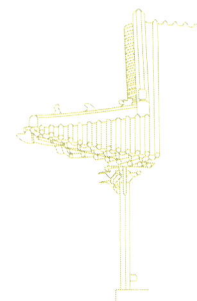

병조

병조는 군사에 관한 모든 일을 맡아보는 기관으로, 오늘날의 국방부와 같은 곳이었습니다.

병조에서는 무관을 선발하고 군사적인 사무를 처리하며, 왕의 호위를 서고, 역참을 맡아보며, 무기와 갑옷 등을 관리하고, 4대문 및 궁궐 문을 경비하거나 중요한 열쇠를 관리하는 일을 맡았습니다.

역참은 무엇일까요? 조선 시대에도 요즘의 기차역처럼 역이 있었습니다. 물론 기차가 다니는 역은 아니었지요. 옛날에는 주로 말을 타고 다녔는데, 바로 말을 관리하던 곳이 역참입니다.

역참은 전국 8도의 중요한 길목에는 다 있었는데, 지금 서울의 벽제역이나 양제역이 바로 대표적인 역참이었습니다. 이 역참에서 역졸들을 관리하고 역참을 책임진 사람을 찰방이라고 했답니다.

병조는 크게 무선사, 승여사, 무비사의 3사로 이루어져 있었습니다.

무선사에서는 무관과 군사를 임명하고, 임명장과 녹봉 증서 등을 관리하며, 무관들의 생활 기록부와 무과 시험에 관한 일 등을 맡아보았습니다.

승여사에서는 임금의 행차 때 쓰는 각종 기구와 수레, 교통편, 마구간이나 지방 목장, 군사 보충대나 사령 등에 관한 일을 맡아보았습니다.

무비사에서는 군사나 말, 무기와 전함 등을 챙기고, 군사 훈련, 순찰, 성곽 방어 및 외적 토벌 등에 관한 일을 맡아보았습니다.

병조는 이처럼 군사적인 업무만 한 것이 아니라, 군사를 지휘하는 일에도 깊이 간여하여 국방 정책 전체를 다루었습니다.

나라와 왕의 안전을 책임지는 곳이라, 병조에는 다른 곳보다 많은 관원이 배치되었습니다. 병조의 장관인 정2품 판서 1인 아래에 참판, 참의, 참지가 1인씩 있었고, 정5품의 정랑과 좌랑이 각각 4인씩 있었습니다.

이 중에서 당상관인 참지 1명과 정랑과 좌랑 각 1명씩이 병조에만 특별히 배치되었습니다. 병조에는 왕의 호위를 맡고 의장을 책임지는 내병조라는 분담 기관이 있었는데, 이는 다른 조에는 없는 것입니다. 이 때문에 참지와 정랑, 좌랑이 각각 1명씩 더 필요했던 것으로 보입니다.

병조에 속한 속아문 관청으로는 중앙 군사 조직인 5위도총부, 훈련원, 사복시, 군기시, 전설사, 세자익위사 등이 있었는데, 여기에 대해서도 병조가 인사권과 지휘 감독권을 함께 가지고 있어서 그 위세가 대단했다고 합니다.

중종 이후 국방과 군사 업무 대부분이 비변사로 많이 넘어가 병조의 역할이 약화되기도 했지만, 1894년 갑오개혁 때까지는 그대로 병조 체계를 유지했습니다. 병조의 관아는 경복궁 광화문 앞의 6조 거리에 있었으며, 내병조는 창덕궁 금호문 밖에 따로 있었다고 합니다.

역사 깊이 읽기

5위도총부와 훈련원

병조에 속한 '5위도총부'는 중앙 군사 조직으로서 조선의 최고 군령 기관이었습니다. 병조가 지금의 국방부라면 5위도총부는 육군 본부라고 할 수 있습니다.

5위도총부의 역할은 전국의 군사를 다섯으로 나눈 의흥위, 용양위, 호분위, 충좌위, 충무위의 군사적인 사무를 총지휘하는 것이었습니다.

평상시에는 왕궁의 보초 서기와 순찰하는 일 등을 지휘 감독했습니다. 하지만, 5위도총부는 병조에 속한 기관이었기 때문에 인사 문제나 국방 정책에서는 언제나 병조가 위에 있었습니다.

'훈련원'은 말 그대로 군사들의 능력을 시험하고 무예를 연습하던 곳으로, 각종 병법서 교육과 진영 훈련을 시키던 곳입니다. 지금으로 얘기하자면 사관학교 같은 곳이라고 할 수 있지요.

훈련원의 임무는 크게 두 가지였습니다. 즉 무과 시험

을 주관하는 일과, 병법을 익히고 무예를 연마시키는 일이었습니다.

병조와 훈련원이 함께 무과의 일을 담당하여 무관을 뽑았으며, 내금위, 별시위 등의 특별 군대의 시험도 훈련원이 주관했습니다.

무과 시험

조선 시대의 무관은 주로 무과를 통해 선발했습니다. 무과에는 문과와 같이 3년마다 정기적으로 보는 식년시와 수시로 보는 증광시, 별시, 알성시, 정시, 관무재 등이 있었습니다.

정기 시험인 식년시는 초시, 복시, 전시의 3단계를 거쳐 최종적으로 28인을 선발했습니다. 전시에서 이들은 임금 앞에서 무술을 겨뤄 갑과 3명, 을과 5명, 병과 20명으로 각각 등급이 정해졌습니다.

한편, 부정기적으로 보는 시험은 선발 인원의 제한이 없어서 조선 후기에는 너무 많은 무과 급제자가 생겨나 여러 가지 폐단을 낳기도 했습니다.

무과는 평민이면 누구나 응시할 수 있었지만 대개는 양반 자제들이 보았습니다. 무과는 문과에 비해 상대적으로 급제가 쉬웠기 때문에 손쉽게 관직을 얻을 수 있는 좋은 방법이 되었지요.

하지만 조선 후기에는 평민뿐 아니라 천민도 무과에 응시할 수 있었습니다. 임진왜란, 정묘호란, 병자호란 등을 겪으면서 수많은 군인들과 남자들이 목숨을 잃었기 때문에 무과 응시에 신분 제한을 두어서는 무관의 수요를 맞출 수 없었기 때문이지요.

무과의 시험 과목은 크게 무술 실기를 보는 '무예'와 병법서들을 보는 '무강' 두 가지로 나뉩니다.

무예는 목전(나무로 만든 화살), 철전(무쇠로 만든 화살), 편전(총통에 넣어서 쏘는 하나로 된 화살), 기사(말을 타고 달리면서 활을 쏘는 무예), 기창(말을 타고 달리면서 창을 쓰는 무예), 격구(말을 타거나 걸어 다니면서 공채로 공을 치는 무예), 유엽전(살촉이 버들잎처럼 생긴 화살), 관혁(과녁을 맞히는 무예), 조총(화승총), 편추(말을 타고 달리면서 짚 인형을 철편으로 후려치던 무예), 기추(말을 타고 달리면서 짚 인형을 활로 쏘아 맞히는 무예) 등을 통

해 기본 기술을 얼마나 잘 익혔는가를 시험했습니다.

무강은 《육도》, 《삼략》, 《손자》, 《오자》, 《울요자》, 《사마법》, 《이위공문대》 등 무과의 일곱 가지 경전이라 불리는 책들을 시험하여 장수로서 지녀야 할 군사 전략과 전술을 얼마나 잘 알고 활용하는가를 평가했습니다.

형조

형조에서는 법률과 소송, 노비와 관련된 일을 맡아보았습니다. 지금의 법무부와 비슷한 역할을 했답니다.

형조는 상복사, 고율사, 장금사, 장례사 등 4사로 나뉘어 일을 했습니다.

상복사는 사형 죄인 등 중죄인의 2심을 맡아보았으며, 고율사는 법령을 조사하고 사건에 대해 조사하는 일을 했습니다. 장금사는 형벌과 옥사에 관한 일, 금령을 내리는 일에 관여했으며, 장례사는 노비의 호적과 포로에 관한 일을 맡아보았습니다.

상복사는 지금의 고등법원과 대법원이라 할 수 있고, 고율사는 검찰의 기능을 했다고 보이며, 장금사는 경찰에 해당한다고 볼 수 있습니다. 현대에는 노비가 사라졌기 때문에 장례사와 비슷한 기구는 없습니다.

형조에 소속된 관청으로는 법률을 다루고 공부하는 율학청, 감옥을 관리하는 전옥서, 장례원, 보민사, 좌포도청, 우포도청, 좌순청, 우순청 등이 있었습니다.

《경국대전》에 나와 있는 초기 관원으로는 판서·참판·참의 각 1인, 정랑·좌랑 각 4인, 이 밖에 법률을 가르치는 율학 교수, 별제, 명률 등이 있었으나, 영조 시대에 와서는 정랑과 좌랑이 4인에서 1인으

로 대폭 줄어들기도 했습니다.

율학 교수는 의금부의 일을 겸했고, 승정원, 병조, 사헌부, 규장각, 개성부, 강화부 등에 율관을 파견했으며, 조선 8도에도 검률을 1명씩 파견하여 법률과 관련된 일에 간여했습니다.

역사 깊이 읽기

포도청은 어떤 곳일까요?

포도청과 의금부의 다른 점

지금의 관청과 비교하면 포도청은 경찰청, 의금부는 사법부와 같은 곳이었습니다.

의금부는 왕의 직속 관청으로 왕명을 받들어 대역 죄인들을 심문하고 재판하는 곳이었습니다. 이곳의 관리들은 모두 문관이었습니다.

포도청은 형조에 속한 관청으로서 도적을 체포하거나 각종 범죄를 단속하고, 도성 안팎의 야간 순찰을 담당했습니다. 또한 왕이 거둥(나들이)할 때에는 호위를 맡기도 했습니다. 이곳의 관리는 모두 무예를 할 줄 아는 무관 출신이었습니다.

그런데 포도청이 관리하는 지역이 너무 넓어지자, 성종 때 한성과 경기를 둘로 나누어 좌포청과 우포청을 만들었습니다. 좌포청사는 지금의 서울시 종로구 수은동 일대에, 우포청사는 지금의 서울시 종로 1가 일대에 있었다고 합니다. 우포청사는 서울시 성북구 돈암동으로 옮겨져 유형 문화재로 보존되고 있습니다.

포도청의 우두머리는 종2품의 포도대장으로서, 왕의 행차에 반드시 동행하여 순시했으며, 다른 직책은 겸하지 않았습니다. 포도대장은 도성과 백성의 안전을 책임지는 자리인 만큼 그 임무가 막중했습니다.

포도대장 밑에는 종6품의 종사관 3인을 비롯해 부장, 무료부장, 겸록부장, 가설부장(정원 외에 더 둔 부장) 등이 있었으며, 그 밑에 군관, 서원, 사령, 군사 등이 있었습니다.

포도청의 여자 형사, 다모

포도청에는 특이하게도 '다모'라는 여자 형사가 있었습니다.

처음에는 관가에서 밥을 짓거나 차를 끓여 바치던 천비 출신의 여자 중에 체력과 재주가 있는 자를 뽑아 여자 수사관으로 썼습니다. 또한 의녀 중에 공부를 잘 못하는 여자가 다모가 되기도 했다고 합니다. 원래 조선 시대에는 의녀들이 여자 경찰 역할을 했기 때문에 다모도 여자 경찰 역할을 했던 것입니다.

다모는 포도청뿐만 아니라 형조와 의금부에도 있었다고 합니다. 남녀를 엄격히 구별했던 조선 시대이니만큼 여자 범죄자를 수사하는 데 많은 어려움이 있어서 다모가 필요했던 것이지요.

다모의 첫 번째 임무는 각종 사건의 수색이었습니다.

아녀자가 기거하는 안채는 남자가 들어갈 수가 없어서 다모가 수색을 하곤 했습니다. 그뿐만 아니라 하인이나 유모를 통해 정보를 알아내거나 정탐하는 것도 다모가 훨씬 수월하게 수행했다고 합니다.

그 외에도 다모는 각종 사건의 수사, 탐문을 통한 정보 수집, 범죄자 수색 등의 업무를 띠었으며, 때로는 역모 사건을 해결하는 공을 세우기도 했습니다.

다모는 치마 속에 두어 자쯤 되는 쇠도리깨와 오랏줄을 감추고 정탐하다가, 죄인이 틀림없다 싶으면 숨기고 있던 쇠도리깨로 들창문을 부수고 들어가 죄인을 묶어 왔다고 합니다. 웬만한 남자들까지 제압해야 했으니, 다모도 제법 무술을 했을 거라 짐작됩니다.

조선 시대의 여수사관, 조선 시대의 여형사, 왠지 멋있게 느껴지지요? 그러고 보니 우리나라 여자 경찰의 역사도 꽤나 오래되었네요.

공조

공조에서는 산과 하천, 물건을 만드는 장인과 공인, 토목 공사, 도자기 및 금속 광물에 관한 일을 맡아보았습니다. 지금으로 얘기하자면 국토해양부와 지식경제부에 해당한다고 하겠습니다.

공조는 크게 영조사, 공야사, 산택사의 3사로 나뉘어 있었습니다.

영조사에서는 궁궐이나 성곽, 관청 건물, 가옥, 토목 공사에 관한 일을 맡아보았으며 피혁이나 모피도 관리했습니다.

공야사에서는 각종 공예품의 제작과 금, 은, 옥, 주석 등의 주조와 도자기, 기와 등에 관한 일을 맡아보았습니다.

산택사에서는 산림과 연못, 나루터와 다리, 궁궐의 정원, 목재와 석재, 배와 수레의 제조 등에 관한 일을 맡아보았습니다.

공조에 소속된 속아문 관청으로는 상의원, 선공감, 수성금화사, 전연사, 장원서, 조지서, 와서 등이 있었습니다.

공조의 관원도 다른 조와 마찬가지로 장관인 정2품 판서 1인을 비롯해 참판, 참의 각 1인, 정랑, 좌랑 각 3인씩이 있었습니다.

청백리의 산실, 언론 삼사

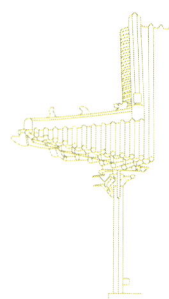

조선 시대에도 언론이 있었냐고요? 물론 요즘 같은 언론은 아니지요. 조선 시대의 언론이란 신하와 왕의 잘못을 지적하여 바로잡는 것을 의미했습니다. 그것은 곧 임금다운 임금, 신하다운 신하, 백성다운 백성으로 가르치고 행하게 하는 일이었습니다.

그러한 일을 담당한 사헌부, 사간원, 홍문관을 합해 언론 삼사라 합니다.

사헌부는 모든 신하들에 대한 감독과 탄핵(조정 신하의 잘못을 지적하여 비판하고 관직에서 내쫓는 일) 및 정치에 대한 언론을 행하는 곳이었습니다. 사간원은 왕의 곁에서 왕의 잘못을 지적하고 그릇된 정치나 관리들의 잘못을 밝혀내는 곳이었습니다. 홍문관은 궁중의 서적과 문헌을 관리 감독했고, 왕에게 학문을 강의하는 경연에서 학문과 정치 관련한 왕의 물음에 답하는 일을 맡았습니다.

이 세 기관은 독자적으로 일을 진행하기도 했지만, 중대한 문제는 사헌부, 사간원 두 기관이 함께 의논하여 결정하기도 하고, 때로는 홍문관도 같이 의견을 내어 왕에게 자신들의 의견을 펼치기도 했습니다. 그래도 의견이 받아들여지지 않을 경우에는 삼사의 관원들이 일제히 대궐 문 앞에 꿇어앉아 국왕의 허락을 간청하기도 했습니다.

이렇듯 삼사는 국왕의 막강한 권력을 제한하고 견제하는

중요한 언론 기구였습니다. 하지만 특정한 조직이나 정치 집단에게 이용될 때에는 정치적인 혼란을 가져다주기도 했으며, 때로는 왕의 미움을 받아 제대로 힘을 발휘하지 못할 때도 있었습니다.

사간원

사간원은 임금의 부족한 점을 지적하고, 그릇된 정치나 잘못하는 관리들을 꾸짖는 일을 맡은 관청입니다. 사간원의 '간(諫)'이라는 글자가 '아뢸 간', '충고할 간'이라는 것이 이 기관의 성격을 잘 말해 줍니다.

당시 사헌부와 더불어 언론 양사라고 했고, 왕의 정치적·학문적 물음에 답했던 홍문관과 더불어 언론 삼사라고 했습니다.

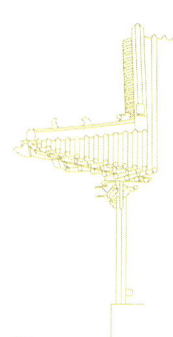

언론 기관으로서 사간원의 기능은 상당히 폭넓고도 중요했습니다.

첫째는 임금의 잘못에 대해 지적하고, 그리고 비리를 저지른 관원들에 대해 처벌하고 잘못된 정치를 바로잡고 부당한 인사를 경고하는 등의 언론 활동이 주요한 임무였습니다.

둘째는 중요한 정치 기관의 하나로 역할을 하였습니다. 사간원의 관원은 왕이 중신들을 만나거나 보고와 조언을 받는 자리에 참여했고, 의정부, 6조와 함께 정치와 입법에 관한 논의에 참여했습니다.

셋째는 왕을 모시는 역할이었습니다. 승정원이라는 비서실이 있었지만, 사간원은 언론 기관으로서의 역할을 충실히 수행하기 위해 왕이 경서를 배우는 경연에 같이 참석했고, 세자를 교육하는 자리인 서연에도 참석했습니다. 또한 왕의 행차에도 반드시 따라갔습니다.

이 밖에도 관리들의 인사나 상벌을 주는 일에 관여하여 비리나 부정이 없도록 하는 일을 담당했습니다.

이렇듯 사간원의 기능이 매우 넓고 막강했기 때문에 관원이 되는 자격 또한 매우 까다로웠습니다. 자기 자신뿐만 아니라 집안도 4대에 걸쳐 죄지은 바가 없는 집안의 인물이어야 했으며, 성품이 강직하고 올곧은 선비여야 했습니다.

사간원의 기능은 어찌 보면 사헌부에서 다 하는 것들이었습니다. 하지만, 사헌부가 왕뿐만 아니라 모든 관리와 일반 백성까지 아우르는 좀 더 폭넓은 역할을 수행했다면, 사간원은 그야말로 왕과 중요 관리들에 한정하여 그 역할을 수행했습니다.

사헌부나 사간원의 관직은 청요직이라 하여 학문과 인품이 높고 행실이 깨끗하여 남의 모범이 되는 사람만 임명되는 자리였습니다. 하지만 다른 관리들의 잘못을 비판하고 때로는 왕의 잘못도 거침없이 지적해야 하는 자리였기에, 동료들에게 인심을 잃고, 왕의 분노를 사서 옥에 갇히거나 파직되는 일도 있었답니다.

사간원의 관리는 정3품 당상관인 대사간 1인과 사간 1인, 헌납 1인, 정언 2인으로 구성되었습니다.

사헌부

언론 삼사의 중심에 자리 잡고 있는 사헌부는 법을 만드는 입법에서부터 법을 적용하는 사법 처리까지 맡고 있었습니다. 정치의 핵심 기관이라 할 수 있었던 곳이지요.

정치적인 문제의 옳고 그름에 대한 언론 활동, 관리들의 잘못을 살피고 탄핵하는 일, 나쁜 풍속을 바로잡는 일, 원통하고 억울한 일을 살피는 일, 거짓되고 나쁜 행위를 금지하는 일 등이 사헌부가 하는 일이었습니다.

좀 더 자세히 살펴보자면 아래 다섯 가지로 나눠 볼 수 있

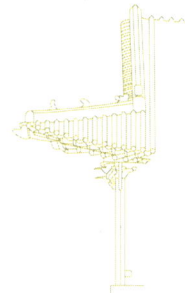

습니다.

　첫째는 정치적인 문제에 대한 언론 활동이었습니다. 위로는 왕의 말이나 행동에 잘못이 있을 때 이를 바로잡기 위해 간쟁(왕의 잘못을 지적하고 고치는 일)을 하고, 아래로는 관리들의 부정이나 비리를 조사하여 탄핵하는 일을 했습니다. 지금의 감사원과 비슷한 일을 했다고 볼 수 있습니다.

　이렇듯 관리들에 대한 감찰을 하다 보니 자연히 인재를 배치하는 인사에도 관여하게 되었습니다. 꼭 알맞은 자리에 적절한 인재를 씀으로써 조정을 안정시키고 합리적인 정치 풍토를 만드는 것이 사헌부의 주된 임무 중의 하나였습니다. 이 밖에도, 당시에 일어나는 중요한 정치적인 일들에 대한

옳고 그름을 논하여 방향을 바르게 잡아 주는 기능도 수행했습니다.

　둘째로는 사간원과 마찬가지로 중요한 정치 기관으로 활동했습니다. 사헌부의 관원들은 의정부, 6조 대신들이 왕께 보고하거나 조언하는 자리에 함께 참여했으며, 의정부, 6조 대신들과 함께 정치와 입법에 관한 논의도 했습니다.

　지금으로 얘기하자면 법을 만드는 입법부에 해당하는 국회의 기능을 어느 정도 맡았다고 볼 수 있습니다. 그래서 사헌부를 헌대, 즉 '법을 맡은 기관'이라고 불렀습니다.

　셋째로는 왕을 가장 가까이 모시는 신하로서의 역할을 했습니다. 왕의 경연과 세자의 서연에는 반드시 참석했고, 왕의 행차에도 반드시 따라갔습니다.

　넷째로는 관리들에게 임명장을 내리거나 상벌을 주는 일에 대한 심사를 맡아서 인사에 부정이 없게 했습니다.

　다섯째로는 법령의 집행, 관리들에 대한 조사, 죄인에 대한 심문, 억울한 백성들의 소송을 재판하는 일 등을 맡아보는 사법부의 기능을 갖고 있었습니다. 이 때문에 형조, 한성부와 함께 삼법사의 하나로 불리기도 했습니다.

　이처럼 사헌부는 사간원과 함께 비슷한 업무를 수행했습니다. 그래서 이 두 기관의 관원을 함께 부를 때에는 '대간'이라 하고, 사헌부의 관원만을 부를 때는 '대관'이라 했습니다. 대간은 사헌부를 달리 부르는 '헌대'에서 '대'를 따오고,

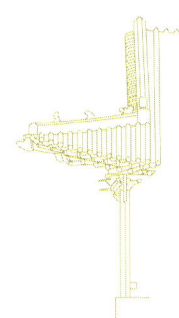

'사간원'에서 '간'을 따와 합친 명칭입니다. 또한 '대관'이라는 말은 '헌대'에 근무하는 관리라는 뜻입니다.

사헌부와 사간원의 관리들은 왕의 잘못을 비판하고 관리들의 잘못을 탄핵하는 특수한 임무를 가졌기에 위엄과 명예를 대단히 중히 여겼습니다. 이 때문에 이들보다 벼슬이 높은 의정부나 6조의 판서들도 이들에 대한 예우를 깍듯이 할 정도였습니다. 그에 못지않게 사헌부 내부의 기강과 예의도 매우 엄격하여 스스로 품위를 잃지 않도록 노력했습니다.

이곳의 관리로는 종2품 대사헌 1인과 종3품 집의 1인, 정4품 장령 2인, 정5품 지평 2인, 정6품 감찰 24인이 있었습니다.

사헌부 감찰은 자주 지방에 파견되어 지방 관리들을 은밀히 감시하고 비리를 적발하여 고발하는 일을 수행하기도 했습니다. 이들을 다른 말로 '행대감찰'이라고 불렀는데, 당시 지방관들은 행대감찰이 출동하면 몸을 사리며 아주 두려워했다고 합니다. 행대감찰은 성종 때부터 '암행어사' 제도로 바뀌게 됩니다.

사헌부는 계속 이와 같은 기능을 수행하다가 1894년 갑오개혁 때에 폐지되었습니다. 사헌부는 의정부, 6조와 함께 조선의 핵심적인 정치 기관으로서, 어느 당파에도 흔들리지 않고 중심을 잡을 때에는 왕이나 신하들의 독재와 독단을 막고 합리적인 정치를 펼치는 데 도움을 주었습니다. 그러나 왕이나 신하, 당파의 이익에 이용될 때에는 그 영향력만큼 큰 폐해를 가져오기도 했습니다.

홍문관

홍문관은 궁중의 서적과 역사 기록물의 관리 및 문서의 처리에 관여하고, 각종 현실 문제에 대한 왕의 물음에 답하던 기관이었습니다.

홍문관은 학술적이면서도 정치적인 기관이었기에 사헌부, 사간원과 더불어 언론 삼사라 불렸습니다.

홍문관의 전신은 세종이 만든 집현전이라 할 수 있는데, 홍문관 관원의 직책이 집현전의 것을 거의 고스란히 물려받은 것으로도 그 사실을 알 수 있습니다.

집현전은 학문 연구뿐만 아니라 정치적 언론 기관의 역할도 하고 있었는데, 이를 눈엣가시처럼 여기던 세조가 집현전을 없애고 왕의 교서(왕이 백성이나 신하에게 내리는 명령서)를 작성하던 예문관에 그 기능을 넘겼습니다. 하지만 그 뒤에 예문관은 학문 연구에만 몰두하고 정치적인 역할은 거의 하지 않았습니다.

이에 아쉬움을 느낀 성종이 집현전의 기능과 관직을 부활시켜 고스란히 홍문관에 옮겨 놓았고, 예

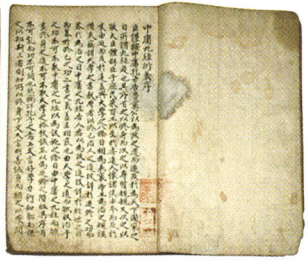

홍문관 도장이 찍힌 책

조선 중기 성리학자 이언적이 쓴 《중용구경연의》이다. 《중용》에 이언적의 의견을 첨가한 것으로 왕에게 올리기 위해 쓴 것이다. 첫 권에 홍문관의 도장이 찍혀 있다.

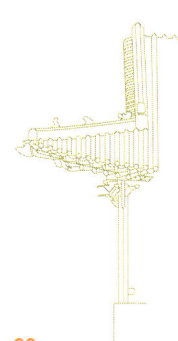

문관은 다시 예전에 하던 일을 하도록 했습니다.

이렇게 해서 학술·언론 기관으로서의 홍문관은 성종 9년 (1478)에서야 비로소 제 모습을 드러내었습니다.

홍문관의 관리는 청렴하고 결백한 관리의 상징으로 이곳의 관원이 된다는 것은 곧 출세를 보장 받는 일이었습니다. 조선 시대의 정승, 판서 중에 이곳을 거치지 않은 사람이 없을 정도로 중요한 자리였다고 합니다.

그렇기 때문에 홍문관의 관원이 되기는 매우 어려웠습니다. 왕의 교서를 작성할 만한 문장력을 갖추어야 했고, 왕에게 경서를 강의할 만큼 학문 수준이 높아야 했습니다. 거기다 출신 가문에 허물이 없어야 했으며, 등용될 때에는 홍문관, 이조, 의정부의 투표를 통과해야만 했습니다.

홍문관의 관리는 정1품 영사 1인을 비롯해 대제학 2인, 제학 1인, 부제학 1인 외에 직제학, 전한, 응교, 부응교, 교리, 수찬, 부수찬, 박사, 저작, 정자 등 총 19명이었습니다.

홍문관의 관원은 모두 왕에게 강의를 하는 경연관을 겸했으며, 부제학에서 부수찬까지는 왕의 지시문을 작성하는 지제교를 겸하기도 했습니다.

조선의 학문 기관

예문관

나라에 필요한 글을 맡아서 짓는 곳으로, 왕의 말이나 명령을 글로 짓는 일을 했습니다. 조선 초기에는 고려 시대에 왕명과 국사 편찬을 담당하던 예문춘추관을 그대로 두었으나, 태종 1년(1401)에 예문관과 춘추관으로 분리된 후 예문관은 왕의 교서만 담당하였습니다. 그러다가 세조가 집현전을 폐지하고 난 뒤에는 예문관이 학문 연구와 인재 양성의 기능을 같이 하기도 했습니다.

그러나 집현전의 폐지를 안타깝게 여긴 성종이 집현전의 관직 제도까지 예문관에 들여와 관리를 늘리자, 예문관은 집

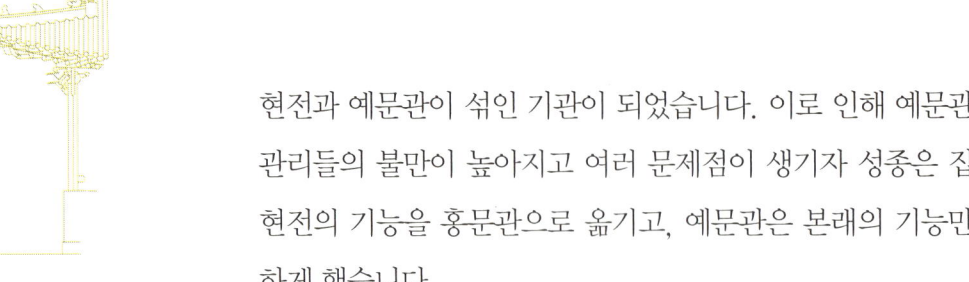

현전과 예문관이 섞인 기관이 되었습니다. 이로 인해 예문관 관리들의 불만이 높아지고 여러 문제점이 생기자 성종은 집현전의 기능을 홍문관으로 옮기고, 예문관은 본래의 기능만 하게 했습니다.

예문관의 관리로는 정1품 영사 1인 아래 대제학, 제학, 직제학, 응교, 봉교, 대교, 검열 등이 있었습니다.

대제학은 나라의 문서를 작성하는 일을 주관했으며, '문형'이라고도 불렸습니다.

봉교 이하는 '한림'이라고 부르기도 했는데, 춘추관의 사관을 겸했습니다. 나라의 일이나 역사적 사실들을 기록하는 중요한 직책이었습니다. 이 때문에 예문관은 '한림원'이라 불리기도 했습니다.

이렇듯 예문관은 왕의 주변에서 일어나는 사건들을 기록하며, 왕실의 문서를 작성하는 일을 담당하는, 왕에게 가장 가까운 부서였답니다.

집현전

조선 세종 때 설치하여 세조 초기까지 유지되었던 대표적인 학문 연구 기관입니다. 집현전은 비록 짧은 시기 동안 존재했지만 우리 역사에서 차지하는 비중이 상당히 큽니다.

조선은 유교를 건국이념으로 삼아 연구하고, 제도를 확립

해야 했기에 학문이 뛰어난 인재가 필요했습니다. 또한 명나라와 외교 관계를 원만히 풀어갈 인재도 길러야 했습니다. 그래서 세종은 1420년에 집현전을 설치하여 학자들을 양성하고 학문 연구에 힘쓰게 했습니다.

유교 의례와 제도에 대한 일은 처음에는 예조가 중심이 되어 맡아보았지만 점차 집현전의 역할이 커졌습니다. 정치, 제도적인 문제가 생기면 집현전에서 옛 제도를 연구하여 그 해결점을 찾기도 했습니다.

이렇듯 집현전은 학문 연구만 한 것이 아니라 왕의 자문 역할까지 했습니다. 그래서 집현전은 당시 중앙 부서 가운데 가장 많은 관리가 배치된 곳이었습니다.

그에 걸맞게 집현전 관리들은 특별한 대우를 받았습니다. 나라에서 펴내는 서적은 제일 먼저 받아 보았으며, 사헌부의 감찰을 받지 않아도 되었습니다. 이들은 또한 세종이 특별히 만든 제도인 사가독서제 덕분에 출근하지 않고 집에서 열심히 연구에만 전념해도 되었습니다. 지금으로 얘기하자면 일종의 독서 휴가제인 셈이지요.

세종의 이런 배려에 힘입어 집현전 학자들은 눈부신 성과를 이루어 냈습니다. 조선 초기에 편찬된 수많은 유교 경전과 역사서, 훈민정음, 지리서, 농업 서적 중에는 대부분 집현전 학자들이 참여했습니다.

세종 때의 집현전은 순수 학문 연구 기관 기능이 강했는

데, 문종 때부터는 국가 시책의 논의에 참여하는 등 활발한 언론 활동을 하였습니다.

이렇게 되자 무력으로 왕위를 빼앗은 세조는 자신을 비판하는 집현전이 못마땅했습니다.

이러한 상황에서 세조 2년(1456)에 집현전 학자들을 중심으로, 단종을 다시 세우려는 사육신 사건이 터지자 세조는 집현전을 폐지해 버렸습니다.

이때, 평소 정치 권력에 뜻이 있던 신숙주, 정인지 같은 집현전 관리들은 수양 대군 편에 서서 후에 정승 판서가 되기도 했습니다. 하지만 대부분의 집현전 학자들은 수양 대군이 정권을 빼앗은 것은 옳지 않은 일로 여겼습니다.

훗날, 집현전의 폐지를 안타깝게 여긴 성종이 홍문관을 설치하면서 집현전의 옛 기능을 그대로 부활시켰습니다. 이때부터 새로운 홍문관 시대가 열리기 시작했습니다.

비록 세조 때에 집현전은 없어졌지만, 집현전으로 쓰이던 건물은 그대로 남아 있습니다. 지금 경복궁에 있는 수정전이 바로 그곳입니다.

경연과 서연

경연이란 왕을 위해 옛글을 외우고 해석하고 연구하는 일을 맡은 곳입니다. 고려 말부터 조선 시대까지 이어져 내려온 '경연'은 왕 앞에서 사서삼경 등의 경서를 강론하는 자리를 가리키면서, 동시에 그 일을 맡은 관청을 가리키는 말로도 쓰였습니다.

고려 공민왕 때에 '서연'이라고 했다가 공양왕 때 '경연'으로 고쳤으며, 조선 시대에는 왕에게 강론하는 곳은 '경연', 왕세자에게 강연하는 곳은 '서연'이라 구분했습니다.

경연에서 하는 일이 주로 경서를 강론하는 것이기는 했지만, 왕이 신하들과 만나 오랜 시간 마주하는 자리이다 보니 자연스럽게 정치나 인물에 대해 이야기를 하게 되었습니다. 이 때문에 경연이 정치의 중심을 이루게 되었답니다.

경연의 가장 높은 자리인 영사는 의정부의 우두머리인 영

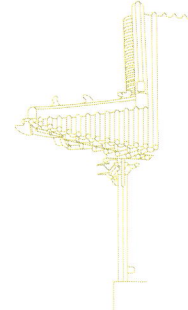

의정, 좌의정, 우의정이 겸임했으며, 정3품 참찬관은 승정원의 승지나 홍문관의 부제학 등이 맡았습니다.

성균관

성균관은 조선 시대에 인재 양성을 위해 설치한 국립 교육 기관입니다. 지금으로 얘기하자면 국립대학인 서울대학교 같은 곳이라 할 수 있습니다.

성균관은 조선의 건국이념인 유학을 가르치고 배우며, 유학의 시조인 공자를 모시는 곳이었습니다. 이곳의 학생들이 대부분 관리로 등용되었기 때문에 성균관은 곧 조선의 관리

태학계첩
1747년 성균관 대사성 이정보가 만든 것으로, 성균관의 건물 구조와 배치를 보여 주는 가장 오래된 자료이다. 대성전, 명륜당, 존경각, 비천당, 동재와 서재, 탕평비 등이 보인다.

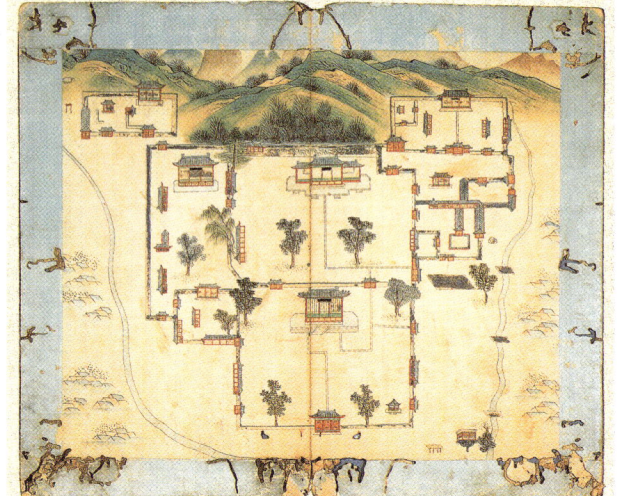

후보생들을 교육하는 곳으로 이름이 났습니다.

성균관은 양반 자제들에게만 입학을 허가하였는데, 양반 자제라 하더라도 생원·진사 시험에 합격했거나, 그들의 부모가 나라에 끼친 공이 크거나, 별도의 입학시험에 합격한 자만이 유생이 될 수 있었습니다. 이곳의 학생은 유학을 배우고 받드는 자들이라 하여 '유생'이라고 불렀습니다.

사실, 유생들 중에 진사나 생원은 성균관에서 지내는 것을 좋아하지 않았습니다. 이곳에서는 행동도 자유롭지 않고, 별도로 다른 선생님께 배울 수도 없었기 때문이지요.

그래서 나라에서는 이들을 성균관에 머물게 하기 위해 특별한 제도를 두기도 했습니다. 성균관에서 행하는 시험인 관시에 합격하면 여러 가지 혜택을 주었는데, 관시를 보기 위해서는 성균관에 300일 이상 머물러야만 자격이 주어졌습니다. 그리고 머무른 날수를 확인하기 위해 밥을 먹을 때마다 표시를 하는 제도도 만들었습니다. 아침과 저녁 식사에 반드시 참여하게 하고, 식사가 끝나면 반드시 서명을 하도록 했던 것입니다.

그렇게 장부에 자신의 서명이 600개가 되면 원점이라고 했는데, 그때 비로소 관시를 볼 수 있는 자격을 얻었습니다. 이를 '원점부시법'이라고 합니다.

그래서 유생들은 식사 때만 참여하여 서명만 하고 집으로

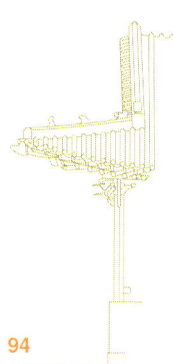

돌아가기도 했답니다. 그만큼 성균관에 머무는 것이 싫었던 것이지요.

그런데 임진왜란 이후에는 이런 원점부시법도 없어졌습니다. 그래서 대부분의 유생은 성균관에 이름만 올려놓고 집에서 생활했습니다. 이 때문에 성균관에서 밤을 새워 공부하는 풍조가 많이 사라졌다고 합니다.

유생들은 공부만 한 것이 아니라 때로는 나라의 일에 집단으로 의견을 표명하거나, 상소를 올리기도 했습니다.

나라를 대표하는 교육 기관이었던 만큼 세자 역시도 세자 책봉 직후에는 성균관에 입학하는 예식을 치렀습니다. 즉 성균관 안에 있는 공자님 사당에 절을 하고 그곳의 교수인 박사에게 제자로서 예를 올렸습니다. 하지만 실제로 세자가 이곳에 입학해서 배우지는 않았습니다.

세자의 교육은 따로 '세자시강원'이라는 관청에서 맡았습니다. 굳이 성균관 입학례를 행한 것은 세자가 스스로 유학도가 되어 열심히 배우고 익혀 왕으로 준비를 철저히 하겠다는 다짐을 세상에 널리 알리기 위해서였습니다.

이곳의 관리로는 정2품 지사를 비롯해 동지사, 대사성, 사성, 사예, 직강, 전적, 박사, 학정, 학록, 학유, 서리 등이 있었습니다.

시강원 명패

왕이 세자 교육을 담당했던 관리인 시강관을 부를 때 사용한 명패이다.

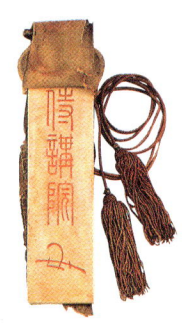

세자궁의 관청

세자시강원

세자를 모시고 경서와 역사를 강론하며, 나라의 군주로서 갖춰야 할 인격과 교양을 가르치는 임무를 맡은 곳입니다.

세자에게 하는 강의를 '서연'이라 했는데, 이는 왕에게 하는 강의인 '경연'과 비슷한 것이라 할 수 있습니다. 서연은 오전, 오후, 저녁 하루 세 번 열렸으며 주로 《논어》, 《맹자》 같은 유교 경전과 《춘추좌전》 같은 역사책을 배웠습니다.

세자는 왕이 될 사람이므로 당대 최고의 학자들이 스승으로 동원되었습니다. 영의정이 세자의 최고 스승이 되고, 좌

회강반차도

왕세자가 수업하는 모습을 그린 그림이다.

의정이나 우의정 중 한 사람 또한 스승을 맡는 등 정승 판서들까지 스승으로 나섰습니다. 이들이 스승이 되면서 세자는 자연스럽게 정치적인 식견과 국가관을 배우게 된 것입니다.

하지만 정승 판서들은 정치에 바쁜 사람들이었기 때문에, 종3품의 보덕 1명을 비롯해 필선, 문학, 사서, 설서 등 총 5명의 문관이 세자 교육을 주로 맡았습니다.

세자익위사

세자를 모시고 호위하는 임무를 맡은 관청으로 세자 경호 군대라고 할 수 있습니다.

장차 나라의 임금이 될 세자의 신변을 보호하는 일은 굉장히 중요한 일이었습니다. 그래서 이곳의 관리는 모두 무술에 능한 무신들로만 구성되었습니다.

하지만 늘 세자 주변에서 보필하는 이들이었기에 무신 중에서도 특히 교양이 풍부한 사람을 가려 뽑았습니다. 이들은 세자가 행차할 때에는 앞에서 인도하고, 수업을 받을 때에는 섬돌 아래에서 호위하면서 그림자같이 세자를 보호했습니다.

정5품 좌익위, 우익위 각 1명씩을 우두머리로 하여 좌사어, 우사어 등 총 14명이 이곳에서 근무했습니다.

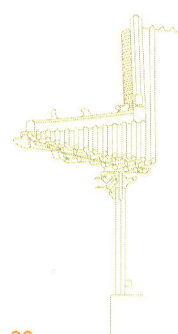

그 밖의 주요 관청

의금부

임금의 지시를 받아 죄인을 심문하는 일을 맡은 곳입니다. 주로 역모를 일으키거나 왕명을 거역한 죄인, 민심을 어지럽히는 유언비어 등을 퍼뜨리는 대역 죄인들을 다루던 곳입니다. 또한 삼강오륜에 어긋나는 행위는 '강상죄'라고 하여 매우 무겁게 다뤘는데, 이는 모두 의금부가 나서서 죄를 물었습니다.

의금부는 최고의 사법 기관으로 지금의 삼심제와 같은 대법원의 기능을 갖고 있었습니다. 의금부가 일제 강점기에는 고등 재판소가 되었다는 사실이 이를 증명한다 할 것입니다. 이 밖에도 외국인 범죄와 양반 관료들의 범죄

조선 시대에는 어떤 관청이 있었을까?

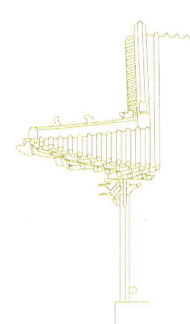

도 다루었습니다.

포도청이 형조에 속한 경찰청이라면, 재판 기능까지 가진 의금부는 왕 직속의 특별 사법부와 같은 곳이라고 할 수 있습니다.

의금부는 지금의 서울시 종로구 견지동에 있었습니다.

한성부

한성은 서울을 가리키는 말이므로 한성부란 곧 서울을 담당하는 관청이라는 뜻입니다. 지방 자치 시대인 현재의 서울시라고 생각하면 됩니다.

그런데 한성부나 경기도, 경상도 모두 일정한 지역을 담당한다는 점은 같은데, 왜 한성부만 중앙 관청으로 인정되는지 궁금할 것입니다.

예로부터 서울은 왕이 계시는 곳이면서 동시에 군사·경제적인 요충지여서 수도를 담당하는 일은 국가의 중대사였습니다. 그래서 한성부를 중앙 관청으로 인정하면서 6조와 같은 동급의 관청으로 대우했던 것입니다.

한성부에서는 주로 서울에 사는 인구와 가구 수를 조사하여 정리하고 시장, 가게와 가옥, 토지 등을 조사하고 관리하며, 서울을 둘러싼 산과 도로, 다리, 하천 등을 면밀히 조사하여 관리하는 일을 했습니다. 이는 모두 나라의 경제와 국방에 중대한 일이었지요.

이 밖에 한성부는 경찰권과 사법부의 권한도 가지고 있었습니다. 소송과 죄인에게 벌주는 일을 처리할 때 다른 어떤 부서보다도 큰 권한을 가졌기 때문에 형조, 사헌부와 함께 3법사라고 불리기도 했습니다.

한성부에는 정2품인 한성판윤 1인을 비롯해 한성좌윤, 한성우윤이 각각 1인씩 있었으며, 그 밑에 서윤, 판관 등이 있었습니다. 서윤이란 종4품 벼슬로 판윤을 보좌하는 보좌관이며, 판관은 종5품으로 행정 실무를 담당했던 관리입니다.

종친부

종친이란 왕과 혈통이 같은 사람들을 가리킵니다. 종친부는 임금의 아들들과 손자들에 관한 일을 담당하던 관청입니다.

양녕 대군, 수양 대군처럼 대군이 붙은 사람은 왕비의 몸에서 난 임금의 적자를 가리킵니다. 반면에 경녕군, 밀성군 등과 같이 '군'만 붙은 사람은 왕비가 아닌 후궁에게서 태어난 임금의 서자를 가리킵니다.

이 밖에도 '군' 자가 붙은 경우가 많은데, 대군의 첫째 아들에게도 군의 칭호를 내리고, 왕세자의 여러 아들도 군이라

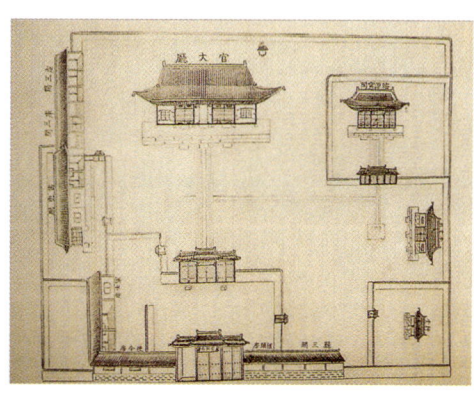

숙천제아도

종친부를 그린 그림이다. 종친부는 왕과 혈통이 같은 사람들에 대한 일을 맡아보던 관청으로, 지금의 서울시 종로구 삼청동에 있었다.

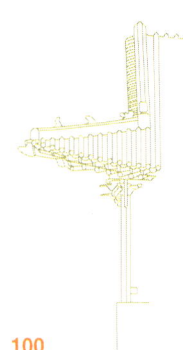

부릅니다. 또한 왕세자의 여러 손자와 대군의 여러 아들에게도 군 칭호를 붙입니다. 거기다 나라에 공을 세운 공신에게도 군의 칭호를 내립니다.

여기서, 이렇게 많은 사람에게 군 칭호를 주면 어떻게 구별할 것인가 하는 문제가 생기겠지요.

임금의 친아들인 대군과 군은 품계와 상관이 없다 하여 어떠한 벼슬 등급도 없었는데, 이들을 품계가 없다고 하여 '무품계급'이라고 합니다. 또 임금의 서자로 군 칭호를 받은 사람들은 다른 군들과 구분하기 위해 '왕자군'이라고 불렀습니다. 임금의 아들이 아닌 사람이 군 칭호를 받았을 때에는 정1품 대광보국숭록대부, 종1품 숭정대부, 정2품 정헌대부 등의 품계를 내려 왕자들과 구분했습니다.

원래 종친이 되면 벼슬을 할 수 없게 되어 있는데 웬 벼슬이냐고요?

이들에게 벼슬을 내린 것은 땅을 줘서 경제적으로 문제가 없도록 하기 위해서였습니다. 벼슬을 받으면 나라에서 '녹전'이라는 땅을 내리는데, 벼슬아치들은 이 땅으로 경제생활을 꾸려갔습니다. 그래서 종친들에게도 벼슬을 내리고 녹전을 내려 경제적으로 어려움을 겪지 않도록 배려했던 것이지요.

하지만 이들 종친들에게는 조정의 관직을 내리지는 않았습니다. 즉 벼슬을 내렸지만 조정 관료로는 쓰지 않았던 것이지요.

하지만 조선 왕조가 처음부터 종친에게 벼슬을 주지 않은 것은 아닙니다. 조선 초기부터 예종 때까지는 종친이나 부마도 관직을 얻었으니까요. 하지만 성종이 어린 나이로 왕위에 오른 뒤에 혹 종친들이 어린 왕을 마음대로 할까 염려하여 종친들에게는 관직을 내리지 않게 된 것입니다.

실제로 세조 때에 영의정을 지낸 구성군처럼 현명하고 능력 있는 종친 관리들이 나오기도 했습니다.

하지만 그들에 대한 칭송이 자자해지자 왕권에 위협을 느낀 왕과 그 주변 세력들이 종친의 벼슬길을 막는 법을 만든 것입니다.

역사 깊이 읽기

종친 세력의 견제

조선 초기만 해도 종친이 정치에 나서는 일은 흔했습니다. 지금도 가족끼리 사업을 하는 경우가 많은 것처럼, 혈연관계에 있는 사람을 가까이 둬야 믿을 수 있다고 생각했던 것이지요.

하지만 이런 믿음을 깨뜨린 사건이 있었으니 바로 세조의 왕위 찬탈입니다. 단종의 작은아버지인 세조가 단종을 보필해 왕권을 안정시키는 데 힘쓴 것이 아니라, 오히려 조카를 죽이고 왕위에 올랐으니 친척이라도 믿을 수가 없게 되었지요.

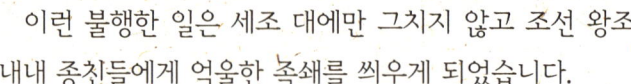

이런 불행한 일은 세조 대에만 그치지 않고 조선 왕조 내내 종친들에게 억울한 족쇄를 씌우게 되었습니다.

자을산군(훗날의 성종)은 세조의 장자 의경 세자의 둘째 아들이었습니다. 그런데 당시 최고 권세가였던 한명회가 사위인 자을산군을 강력하게 왕으로 밀었습니다. 마침 정희 대비(세조비)가 한명회와 결탁함으로써 자을산군이 왕위에 오르게 되었습니다. 이렇게 해서 왕이 된 성종은 형인 월산 대군을 제치고 왕위에 오른 것이 못내 불안했습니다.

그런 까닭에 성종 때에 직계 종친은 5대까지 관직을 가질 수 없다는 법이 마련되었는데, 그 직접적인 계기는 구성군 사건이었습니다.

구성군 이준은 세종의 넷째 아들 임영 대군의 아들입니다. 구성군은 이미 세조 때 이시애의 난을 평정한 공으로 28세의 젊은 나이에 영의정에 올랐고, 예종 때에는 남이 장군의 옥사를 다스린 공로로 익대공신이 되었습니다.

많은 신하들이 그의 뛰어난 자질을 칭송하자 한명회는 그가 왕위를 위협한다고 느끼고 그를 견제했습니다. 급기야는 정인지가 구성군이 어린 왕을 몰아내고 왕이 되려 한다며 그를 탄핵하기에 이릅니다. 주변 대신들이 그를 죽여야 한다고 주장했지만, 정희 대비는 그에게 죄가 없음을 알고 경상도로 유배시키는 것으로 마무리합니다.

우리 속담에 "자라 보고 놀란 가슴, 솥뚜껑 보고 놀란다."는 말이 있지요. 세조가 어린 왕을 몰아내고 왕위에 오르는 것을 도왔던 한명회, 정인지, 신숙주 같은 신하들이 다른 종친들도 똑같은 일을 할까 봐 지레 겁을 먹고 아무 죄도 없는 사람을 모함했던 것이지요.

이 사건 이후로 직계 종친은 5대까지 조정의 관직을 가질 수 없다는 법이 생겼으며, 종친들의 관직 등용이 막혔으니, 구성군 사건은 종친들에게 크나큰 억압이요, 굴레였답니다.

투표로 대통령을 뽑는 지금은 왕위 찬탈 같은 일은 없지만, 대통령의 친인척에 의한 권력형 비리를 염려하여 청와대 민정수석 등 보좌진이 대통령의 친인척의 정치 활동이나 경제 활동을 특별히 관리하고 있답니다.

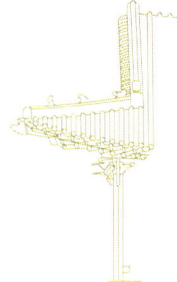

의빈부

왕의 사위인 부마들, 즉 공주나 옹주(임금의 후궁에게서 난 딸)에게 장가든 사람들을 위한 관청입니다. 조선 초기에는 '부마부'라 했다가 세조 때 '의빈부'라 이름을 바꿨습니다.

조선 초기에는 부마들이 정치에 관여했지만, 태종 때부터는 부마들이 정치에 나서는 것이 제한되었습니다. 이는 공주나 옹주의 지위를 이용해 부마들이 왕에 버금가는 세력을 형성할까 봐 염려해 정해 놓은 법이었습니다.

그런데 벼슬길이 금지된 부마들이 할 일이 없어지자, 당장 경제적인 어려움이 문제가 되었습니다. 그들에게 명예직이나마 벼슬을 내릴 필요가 생긴 것이지요. 그래서 그들에게 도위나 부위, 첨위라는 벼슬을 주고 노비와 땅을 주었습니다.

부마에게는 대개 종2품에서 정1품까지의 벼슬이 내려졌으며, 그 후손들에게도 벼슬이 내려졌습니다.

의빈부에는 부마들 외에 일반 관리도 근무하며 실무를 담당했는데, 종4품 경력을 비롯해 도사, 녹사, 서리 등이 있었습니다.

돈녕부

종친부에 속하지 못한 왕의 친족과 외척(어머니 쪽의 친척)의

우의를 다지기 위해 만든 관청입니다. 지금으로 얘기하자면 왕실의 친목 모임 같은 것이지요.

그중에서도 특히 왕비의 아버지를 대우하는 성격이 짙었습니다. 왕은 왕비의 아버지를 영돈녕부사에 임명했는데, 이는 영의정과 같은 정1품 관직이며, 돈녕부의 최고위직이었습니다.

돈녕부에는 외척뿐 아니라 왕실과 같은 성을 쓰는 사람들도 포함되었습니다. 하지만 아주 먼 친척이었지요. 왕과 같은 성으로는 9촌, 다른 성으로는 6촌 이내, 왕비와 같은 성으로는 8촌, 다른 성으로는 5촌 이내, 세자빈과 같은 성으로는 6촌, 다른 성으로는 3촌 이내의 친척을 이곳에서 관리했으니까요. 이들은 돈녕부에서 벼슬을 받고 녹전을 받아 경제 생활을 영위할 수 있었습니다.

돈녕부의 대표적인 벼슬로는 영사, 판사, 지사, 동지사, 도정 등이 있었습니다.

충훈부

나라를 위해 공을 세운 공신들을 위한 관청입니다. 공신들에게 직첩을 내리거나 그들을 관리했습니다. 직첩이란 벼슬아치에게 내리는 임명서입니다. 그러니까 충훈부에서 내리는 직첩은 공신 임명을 위한 명령서라고 할 수 있지요.

춘추관

조정에서 일어나는 모든 일을 기록하던 관청입니다. 이곳의 관리들은 '사관'이라고 불렀는데, 모두 문관을 썼으며 승정원, 홍문관, 예문관, 의정부의 관리들이 겸임했습니다. 사관에는 대개 새로 문과에 급제한 유망한 청년 문사들이 임명되었습니다. 이들은 직급은 낮았지만, 항상 왕의 곁에서 중대한 회의에 참석했으므로 그 임무는 매우 중요했습니다.

사관의 임무 중 가장 중요한 것은 사초를 작성하는 것이었습니다.

사초란 역사의 기초가 되는 기록으로, 날마다 조정에서 일어나는 일을 한 치라도 더하거나 뺌 없이 그대로 쓰는 것을 말합니다. 사관은 사초를 종합하여 역사 자료가 될 만한 것을 추려 '시정기'를 만들어 춘추관에 바쳤습니다. 또한 사관 자신의 주관적인 생각을 곁들인 인물평이나 궁중 비밀 등은 개인적으로 보관했습니다. 이것을 왕이 죽은 후에나 춘추관에 제출했는데, 이 기록물은 시정기와 함께 실록을 편찬하는 중요한 자료로 쓰였습니다.

사초를 왕이 본다면 마음에 안 드는 내용을 고치도록 압력을 가하겠지요. 그래서 사초는 왕도 볼 수 없도록 했습니다. 이것은 역사가 거짓으로 쓰일까 봐 염려하여 만든 장치입니다. 이렇듯 역사의 중요성을 안 임금과 사관들의 투철한 사명감이 이룬 문화유산이 바로 1,893권, 888책에 이르는 《조선왕조실록》입니다.

춘추관직을 겸한 관원들이 실록의 편찬을 담당했고, 이곳에서 편찬된 실록은 충주, 성주, 전주 세 곳의 사고(역사서 창고)에 보관했으며, 한 부를 궁중에 있는 춘추관사고에 따로 보관했습니다.

그러다가 임진왜란 때 충주·성주 사고가 불타 버리자 강화도 정족산, 묘향산, 태백산, 오대산에 새롭게 4개의 사고를 마련했습니다. 그중 묘향산 사고는 정묘호란 이후 무주의 적상산으로 옮겨졌습니다. 전쟁에도 소실되지 않을 만한 깊은 산중에 보관하는 것을 최우선으로 생각하여 사고를 만들었던 것입니다.

이렇듯 역사 기록을 소중히 여기는 선조들의 노력이 있었기에 오늘의 우리가 《조선왕조실록》이라는 자랑스러운 역사 유산을 가지게 된 것입니다.

승문원

이웃 나라와의 외교 문서를 맡아보던 곳입니다. 조선 시대에는 중국이나 일본 등의 국가와 외교하는 일을 '사대교린'이라 했습니다. 이 말은 '큰 나라를 섬기고(事大)' '이웃 나라와 사귄다(交隣)'는 뜻입니다. 중국은 섬기면서 외교하고, 일

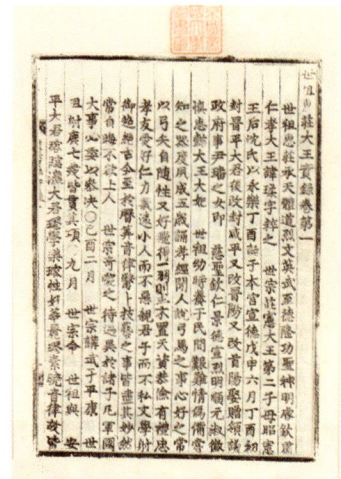

세조실록

《조선왕조실록》 중 조선 제7대 왕 세조의 재위 기간의 역사를 기록한 책이다.

본과는 사이좋게 사귄다는 뜻으로, 조선의 외교 정책을 보여 주는 말이라고 할 수 있습니다.

이 밖에 이문, 즉 이두 문자의 교육도 맡아보았습니다.

의정부의 영의정, 좌의정, 우의정이 이곳의 우두머리를 겸 임했고, 이곳의 관원은 모두 문관으로만 임명했습니다.

상서원

옥새를 비롯한 각종 인장(도장)과 병부를 비롯한 여러 증표를 맡은 관청입니다.

임금의 도장인 옥새의 중요성은 잘 알고 있겠지요? 지금도 인감도장이 가장 중요한 법적 효력을 갖듯이 조선 시대에는 옥새가 가장 중요한 도장이었습니다.

옥새는 넓게는 왕이 업무용으로 쓰는 모든 종류의 도장을 말합니다.

우리는 흔히 왕위를 계승할 때 물려주는 도장만 옥새라 알고 있는데, 그것은 특별히 '대보' 라 불리는 옥새입니다. 옥새의 왕이라 할 수 있는 것이지요. 대보는 중국에 보내는 외교 문서에만 사용되다가, 왕위를 계승할 때 나라를 물려준다는 징표로 전해졌습니다.

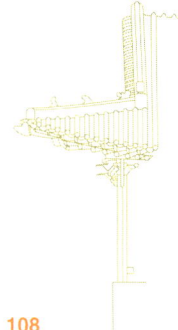

영조 옥새

조선 제21대 왕 영조의 옥새이다. 옥새는 조선 시대에 왕이 업무를 수행하며 사용하던 도장으로 대보, 시명지보 등이 있었다.

그 밖에 임금의 명령을 내리는 교서나 교지에는 시명지보라는 옥새를 썼고, 신하들에게 서책을 줄 때에는 동문지보, 물품을 줄 때에는 선사지보, 과거 합격 증서인 홍패나 백패에는 과거지보를 썼습니다. 이 모든 인장을 통틀어 옥새라고 부릅니다.

병부는 군사를 동원하는 표지로 쓰던 나무패입니다. 병부를 두 쪽으로 쪼개서 한쪽은 군사를 지휘하는 장수가 갖고 한쪽은 그 장수의 상관이 가지고 있다가, 군사 동원 명령이 내려졌을 때 짝을 맞추어 봄으로써 증거로 삼았습니다.

이 모든 것들이 승정원의 우두머리인 도승지의 책임 아래, 판관 1명과 직장 1명, 부직장 2명에 의해 관리되었습니다.

통례원

나라의 중요한 의식이나 예식을 맡아보던 관청입니다. 즉 왕이 직접 문무백관을 모아 놓고 시행하는 조회나 왕의 혼인 잔치 같은 예식이 있을 때, 그 의례를 맡아보던 관청입니다. 지금으로 얘기하자면 회의나 예식의 사회를 맡는 관청이라 할 수 있습니다.

그래서 이곳의 관리는 예식의 순서를 소리 높여 정확히 부를 수 있는, 목청 좋은 사람들을 뽑아서 썼습니다. 정3품 좌통례와 우통례가 이곳의 우두머리였습니다.

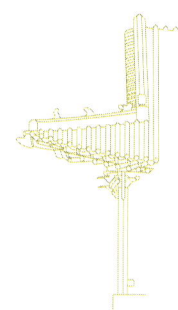

종부시

왕실 자손들의 족보를 편찬하고 왕의 친족의 잘못을 조사해 규탄하는 임무를 맡은 관청입니다. 10년에 한 번씩 왕실의 족보인 《선원록》을 편찬하고, 3년마다 대상자들을 새로이 조사하여 종실보첩을 작성했습니다. 종부시에서 작성한 《선원록》은 왕실의 혈통과 계보를 알 수 있는 귀중한 역사 자료로 쓰이고 있습니다.

이곳의 우두머리인 도제조는 임금의 아들인 대군과 왕자들만 맡을 수 있었습니다.

봉상시

종묘 제사와 같은 나라의 제사를 지내고, 죽은 사람에게 시호를 주는 일을 맡은 관청입니다. 시호란 죽은 사람의 인품과 공덕을 기리는 뜻에서, 그에게 가장 잘 어울릴 만한 새로운 이름을 붙이는 것을 말합니다.

봉상시에서는 돌아가신 임금이나 공덕이 있는 관료에게 어떤 시호를 줄 것인가를 의논했습니다. 연산군이나 광해군처럼 쫓겨난 임금 외에는 모두 시호로 부르고, 신하들 가운데서도 나라에 공적이 있거나 학문이나 인품이 높은 사람에게는 특별히 시호를 내렸습니다. 조선에서는 정2품 이상의 벼슬을 지낸 관리에게는 모두 시호를 내렸습니다.

우리가 잘 알고 있는 충무공 이순신, 문성공 이이, 충정공 민영환 등 이름 앞에 붙은 충무, 문성, 충정 같은 것이 시호입니다.

이곳의 우두머리는 도제조로서 의정(영의정, 좌의정, 우의정) 중 한 사람이 겸임했습니다.

사옹원

왕의 식사를 비롯한 왕궁의 음식에 관한 일을 맡은 관청입니다. 사옹원의 '옹(饔)'은 음식을 잘 익힌다는 뜻입니다. 이곳에서는 새로 나온 음식을 먼저 조상들의 신위에 올리는 일도 담당했습니다.

이곳의 관리로는 대전 수라간 음식 감독인 종6품 재부 1인과 그 밖에 반찬 담당인 선부, 양념 담당인 조부, 각종 떡 담당인 임부, 삶는 요리 담당인 팽부 등이 있었습니다.

내의원

왕실에서 사용하는 약의 조제를 맡은 관청입니다. 특별히 왕의 약을 짓는 곳이기에 의원 중에서 실력이 뛰어난 사람들을 가려 뽑았습니다.

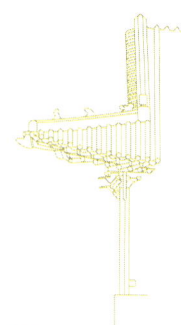

이곳의 실제적인 일을 맡아보는 장관으로는 정3품 정 1인이 있었습니다. 위로는 의견을 내놓는 도제조, 제조, 부제조가 있었는데 부제조는 승지가 겸임했습니다.

왕의 비서격인 승지는 이렇게 왕과 직접적으로 관련된 부서마다 배치되어 왕의 안전에 이상이 없도록 별도의 업무를 수행하기도 했습니다. 도제조는 왕이나 국방, 외교 등과 관련된 중요한 기관에 두어 자문을 담당하게 했던 정1품 벼슬입니다. 이들은 사람을 임명하는 일이나 중요한 일에 관여하여 의견을 냈습니다.

이곳에는 침을 놓는 침의 12인, 어의 3인, 의녀 22인, 수여공(물 나르는 여자 하인) 등이 있었으며, 그 밖에도 많은 관리와 군사들이 이곳에서 근무했다고 합니다.

평소에는 내의원과 전의감에서 왕실의 의약을 관장했지만, 왕과 왕비의 병환이 위중할 때에는 특별히 시약청과 의약청을 임시로 설치했습니다. 그리고 담당자를 궁중에 상주하게 하여 치료와 투약에 신중을 기했다고 합니다.

내의원 외에도 전의감, 혜민서, 활인서 등이 있었는데, 여기서 근무하는 의원들의 직책을 살펴보면 정3품 정, 종3품 부정, 종4품 첨정, 종5품 판관, 종6품 주부, 의학 교수, 그 밖에 직장, 봉사, 부봉사, 의학훈도, 참봉 등이 있었습니다.

의원은 보통 중인 출신이 선택하는 직업이었으며, 정3품 이상의 당상관에 등용되는 일은 매우 드물었습니다. 하지만 예외도 있어서 《동의보감》의 저자이자 명의로 이름난 허준은 종1품 숭록대부의 품계를 받기까지 했습니다.

역사 깊이 읽기

궁녀와 의녀는 어떻게 다른가요?

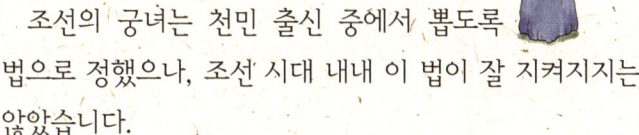

조선의 궁녀는 천민 출신 중에서 뽑도록 법으로 정했으나, 조선 시대 내내 이 법이 잘 지켜지지는 않았습니다.

궁녀를 천비(노비) 중에서 뽑도록 한 것은 평민들의 원성을 살까 봐 두려워서였으며, 또한 평민들이 궁녀 차출을 면해 보려고 갖은 뇌물을 갖다 바치기도 하고, 10세 이전에 결혼을 시키는 조혼 풍습이 생기는 등 부작용이 있었기 때문입니다.

하지만 궁녀는 임금과 왕비의 심부름꾼이자 살림꾼이었기 때문에 아무나 뽑을 수 없었습니다. 게다가 궁녀 중에 임금의 눈에 들어 승은을 입으면 단박에 후궁 반열에 오르기도 하고, 왕자나 공주의 어미가 되기도 했기에 천비 출신으로 뽑을 수 없는 사정이 있었습니다.

궁녀들은 대부분 어린 나이에 입궁하여 각 처소 상궁들의 제자가 되어 교육을 받았습니다. 정식 나인이 될 때까지 무려 15년 동안이나 교육을 받았는데 《훈민정음》, 《소학》, 《내훈》, 서예 등을 배우고, 자기가 소속된 부서의 일을 익혔습니다. 궁녀는 정해진 부서에서 평생을 근무했기 때문에 소속 부서의 일은 그 무엇보다도 잘 익혀야 했습니다. 이렇듯 궁녀는 한 번 정해진 부서에서 평생을 보내다가 죽음에 임박해서야 궁 밖으로 나올 수 있었습니다. 이 또한 궁녀를 위해서가 아니라, 궁궐 안에서는 왕과 그 가족 외에 누구도 죽을 수 없다 하여 그렇게 했던 것입니다.

궁녀는 살아서는 임금과 그 가족의 요긴한 손발이 되어 주지만, 죽음에 임박해서는 더없이 쓸쓸하게 사라지는 궁궐의 그림자 같은 존재였습니다.

궁궐과 왕의 가족에게 얽매인 궁녀에 비해 의녀는 조금은 자유로운 존재였습니다. 태종 6년에 만들어진 의녀는 여자 환자들을 돌보기 위한 여의사 제도였습니다.

의녀는 대부분 관가의 노비 중에서 총명하고 재주 있는 여자 아이를 뽑았습니다. 3년에 한 번씩 의녀를 뽑았으며, 그 숫자는 150명 정도에 달했다고 합니다. 이 중에서 실력이 좋은 70여 명은 내의원에 배치되어 한양에서 근무했으며, 나머지는 각 지방의 의원에 소속되었습니다.

　내의원에 소속된 의녀들은 궁궐을 드나들기 때문에 궁녀로 인식되기도 했지만, 궁녀와는 완전히 다른 방식으로 근무했습니다. 의녀는 궁녀처럼 품계가 있는 것도 아니었고, 궁궐에서 사는 것이 아니라 출퇴근을 했습니다. 또한 의녀들은 궁녀와는 달리 결혼할 수도 있었습니다.

　의녀들은 부인병을 보살피고 아기를 받아 내는 등 산부인과 의사와 간호사의 역할을 동시에 수행했습니다.

　이 밖에도 포도대장의 지휘 아래 여자 경찰의 역할도 톡톡히 해냈습니다. 여자로 변장한 도둑을 수색하거나 아녀자의 방을 뒤지는 일, 여자 범죄자의 몸수색 등을 맡았습니다. 또한 궁녀들이 죄를 지었을 때 그들을 체포하는 것도 의녀들의 몫이었습니다.

　또 의녀들은 종종 사대부 집 잔치에 불려 가서 춤추고 술 따르는 일을 했는데, 이 때문에 약방기생이라고도 불렸습니다. 이런 일은 연산군 때 시작되었는데, 쉽게 고쳐지지 않고 계속되어 사람들이 의녀를 기생처럼 천하게 여기기도 했답니다.

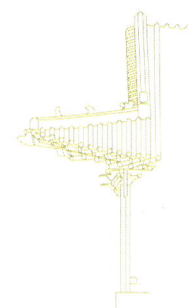

전의감

궁궐에서 쓰는 의약의 공급과 임금이 하사하는 의약에 관한 일을 맡아보던 관청입니다. 의학 교육과 의학 시험 등의 일도 맡아보았습니다. 전의감은 내의원과는 달리 궁궐 바깥인 서울 중부 견평방(지금의 서울시 종로구 견지동)에 있었습니다.

이처럼 전의감은 의료에 관한 사무와 교육을 맡은 기관으로, 지금으로 얘기하자면 의과 대학과 보건복지가족부를 합한 것과 같습니다.

상의원

왕실에서 사용하는 의복과 옷감을 공급하고 궁궐의 각종 보물과 금은을 관리하는 일을 맡은 곳입니다. 제조와 부제조가 있었는데 부제조는 승지가 겸임했습니다. 승정원의 승지로 하여금 이곳의 일을 같이 보게 한 것은, 재물을 다루는 곳이므로 혹시 부정한 일이 일어날까 봐 염려했기 때문입니다.

관상감

지금의 기상청, 천문 관측소 같은 곳으로 천문, 풍수지리, 달력, 기상 관측, 시간 측정, 사주팔자 등에 관한 일을 맡아보았습니다.

이곳의 관리들은 모두 잡과에 합격한 자로서 명실 공히 자연 과학 분야의 전문가들이었습니다. 과거 날짜도 예조에서 기안해서 올리면 관상감에서 좋은 날짜를 정했습니다. 관상감에서 연구하는 학문은 천문학, 지리학, 명과학 등이었습니다.

천문학은 말 그대로 천문과 기상을 연구하는 것이고, 지리학은 어느 곳에 집을 지으면 좋은가, 무덤은 어디에 쓰면 좋은가 등을 알아보는 풍수를 말하는 것이며, 명과학은 앞날의 운세를 알아보는 사주팔자학 같은 것이었습니다. 특히 명과학은 고려 때부터 장님들이 전문적으로 해 왔습니다.

역사 깊이 읽기

조선 시대의 기술 고시, 잡과

조선 시대의 잡과는 외국어를 통역하는 역과(중국어, 몽골어, 일본어, 여진어), 의술을 담당하는 의과, 천문지리와 사주팔자를 보는 음양과(천문학, 지리학, 명과학), 법률을 담당하는 율과의 네 가지가 있었습니다.

통역을 담당하는 역과

조선 시대에는 기술

을 천시하여 전문 지식을 필요로 하는 일을 잡스러운 공부라 하여 잡과라 했지만, 지금으로 보자면 통역관, 의사, 천문학자, 지리학자 등이 하는 일이니 전문직에 해당하는 일들이었습니다.

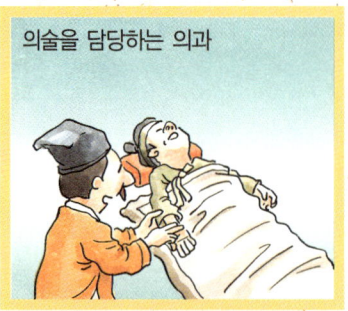
의술을 담당하는 의과

천문학을 담당하는 음양과

법률을 담당하는 율과

잡과는 1차 시험인 초시와 2차 시험인 복시만 있었습니다. 시험 과목은 각 해당과의 전공 서적과 경서 및 《경국대전》을 필수 과목으로 했습니다.

잡과의 합격자에게도 문과 합격자와 마찬가지로 홍패를 주었으나 뒤에 백패로 바꾸었습니다. 합격자에게는 종7품이나 종9품의 품계를 주어 해당 관청의 권지로 임명했습니다. 권지는 지금의 시보(정식 임명되기 전의 수습사원)에 해당하는 관직입니다.

소격서

도교에서는 하늘의 여러 별을 향해 제사를 지냈습니다. 소격서는 이런 도교의 제사를 맡은 관청으로, 고려 시대부터 있었던 소격전을 그대로 물려받은 것입니다.

하지만 세조 때, 유교 이념을 숭상하는 조선이 도교의 신들에게 제를 올리는 것은 마땅치 않다고 여겨 소격전을 소격서로 축소시켰습니다. 이곳의 관리들은 모두 도학을 공부한 문관으로 임명되었으며, 나라에서 인정하는 도사들이었습니다.

또 이곳에서는 나라의 경사나 재난이 있을 때 하늘에 제를 올렸습니다.

왕은 원자(아직 왕세자에 책봉되지 않은 임금의 맏아들)가 탄생하면 소격서에 명하여 사흘간 아들의 복을 빌게 했습니다. 원자의 복을 비는 대표자로는 조정 대신 중에 아들이 많고 다복한 사람이 선발되었습니다.

그러면 선발된 대신과 소격서의 도사들이 도교의 상징적 인물인 노자의 동상 앞에서 절을 백 번 올렸습니다. 이때 임금도 소격전에서 노자에게 절을 하며 첫아들의 복을 기원했습니다. 대를 이을 아들이 건강하게 잘 자라 주기를 기원하며 정성을 다해 제를 바친 것이지요.

얼핏 생각하면 참으로 우스운 일이라 할 수 있습니다. 조

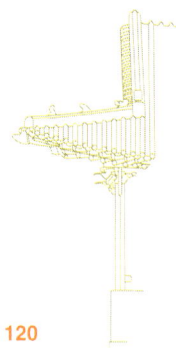

선은 엄연한 유교 국가인데, 도교의 신에게 제를 올리고 복을 빌다니요. 하지만 고려 시대부터 내려오던 전통인 데다가, 왕실의 대를 이을 원자의 복을 비는 것이니만큼 종교를 떠나서 여러 천지신명께 도움을 받고 싶었나 봅니다. 또, 함부로 폐지했다가 나쁜 일을 당하면 어쩌나 하는 불안한 마음도 있었겠지요.

하지만 유학을 받들고 공부하는 조선의 선비들은 이런 의식을 반대했습니다. 중종 때 개혁파의 선두였던 조광조가 소격서 폐지를 주장했으며, 선조 이후에는 결국 폐지되고 말았습니다.

소격서는 지금의 서울시 종로구 삼청동 자리에 있었다고 합니다.

용호영

왕을 직접 호위하던 왕실 경호대를 용호영이라 합니다. 지금의 청와대 경호실이라고 생각하면 됩니다.

조선 초기에는 내금위, 겸사복, 우림위 등 세 곳에서 공동으로 왕실 경호를 맡았는데, 효종 때 이 셋을 합하여 내삼청이라 했습니다. 그러다가 현종 때에 이르러 금군청이라 명하고, 여기에 소속된 병사들을 금군이라 했으며, 그 인원도 700여 명으로 늘렸으니 그 위용이 대단했습니다. 지금 남아 있는 임금의 행차 그림만 보아도 앞뒤, 양옆에서 호위하는 호위군관들이 얼마나 많았는지 알 수 있습니다.

이들의 우두머리는 종2품 금군별장이었으며, 그 밑에 겸사복장, 우림위장, 내금위장을 두어 교대로 금군을 통솔하게 했습니다.

영조 때에 금군청을 용호영으로 바꾸었으나, 별장만은 그대로 금군별장이라 했습니다.

이들은 가장 가까이서 왕을 호위하고, 왕의 행차 때 곁에서 따라가며, 나아가 궁궐을 지키는 일도 담당했습니다.

이외에도 이들은 도성 안 8대문의 중요한 장소를 지켰으며, 필요하면 왕의 특별 수사대 역할도 했습니다.

금군은 특별 채용 시험을 거쳐 용맹하고 무예와 인물이 뛰어난 자들만 가려 뽑았습니다.

영조정순왕후가례도감의궤 반차도

영조와 정순왕후의 행차를 그린 것으로 왕 주위에 있는 호위군관들의 모습을 볼 수 있다. 용호영은 왕과 가장 가까운 곳에서 호위했다.

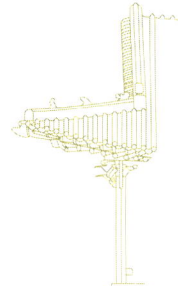

선전관청

왕명을 맡아 전달하거나 왕을 호위하는 선전관이 소속되어 있던 관청입니다.

선전관은 왕을 가까이서 모시는 직책이라 승정원의 승지와 비슷한 역할을 했습니다. 이 때문에 선전관을 무반의 승지라고도 하며 아주 중요하게 여겼습니다.

선전관은 무예가 뛰어나고 용맹한 인재만을 가려 뽑았으며 끊임없이 무예와 병법을 훈련했습니다. 이 때문에 선전관은 승진의 특혜를 입었으며, 무관의 중심적인 존재로 성장했습니다. 그래서 지원자도 가장 많았다고 합니다. 정3품의 당상관인 선전관 밑에는 55명의 선전관원이 근무했습니다.

앞에서 살펴본 관청들은 수도 서울에 있으면서 궁궐 내외의 자잘한 일들을 담당하거나 나라 경제에 관계된 일을 했습니다. 작은 관청들이 한 가지 일만을 전문적으로 한 것을 볼 때, 당시에도 철저한 분업화가 이루어져 일이 합리적으로 시행되었다는 사실을 알 수 있습니다.

소규모 중앙 관청

조선 시대에는 어떤 관청이 있었을까?

장예원
노비의 문서와 송사에 관한 일을 맡은 곳입니다.

교서관
책을 인쇄하고 반포하는 일, 제사에 쓸 향이나 축문, 인장에 새기는 글자에 관한 업무를 맡은 곳입니다.

사복시
수레와 말 그리고 목장에 관한 일을 맡은 곳입니다.

사도시
왕궁 창고의 곡식과 대궐에 공급하는 간장, 된장 등에 관한 일을 맡은 곳입니다.

사섬시
종이돈의 제조와 돈 대신 쓰였던 무명에 관한 관리를 맡은 곳입니다.

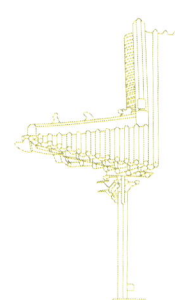

내자시

왕실에서 사용하는 쌀, 밀가루, 술, 장, 기름, 채소, 과일과 궁중의 연회 및 직물에 관한 일을 맡은 곳입니다. 궁궐에서 쓰이는 물자를 관리한 곳이라 할 수 있습니다.

내섬시

세자궁이나 왕이 머무르는 강녕전, 왕비가 계신 교태전, 대왕대비가 계신 자경전 등 궐내의 각 궁이나 전에 공급하는 물건과 2품 이상의 관리들에게 주는 술, 왜인들과 야인들을 접대하는 음식과 옷감 등에 관한 일을 맡은 곳입니다.

예빈시

외국 손님들에게 연회를 차려 주고, 종친과 정승들에게 음식을 대접하는 일을 맡은 곳입니다.

군기시

무기 제조를 맡은 곳입니다.

군자감

군수 물자의 출납을 맡은 곳입니다.

제용감

중국에 바치는 비단과 인삼, 의복에 관한 일과, 화폐 대신 쓰는 삼베나 무명, 물감, 염색, 길쌈 등에 관한 일을 맡은 곳입니다.

선공감

다리나 도로를 놓고 둑을 쌓는 등의 토목 공사를 맡은 곳입니다.

사재감

생선, 고기, 소금, 땔나무, 횃불 등을 맡은 곳입니다.

장악원

궁중에서 연주되는 음악 및 무용을 가르치고, 공연하던 관

조선 시대에는 어떤 관청이 있었을까?

청입니다. 지금의 국립 국악원과 같은 곳입니다.

사역원

여러 나라의 말을 번역하는 일을 맡은 곳입니다.

종학

왕족들을 가르치는 일을 맡은 곳입니다. 일종의 왕실 전용 교육 기관이라 할 수 있습니다.

이곳의 교육은 당시 성균관 교수들이 맡았습니다. 이곳에서는 왕실 사람으로서 갖추어야 할 기본적인 교양과 예의범절 등을 가르쳤으며, 가끔 치르는 시험이나 출석이 불량하면 벌을 주기도 했습니다. 이 때문에 왕족들은 종학에 다니는 것을 아주 싫어했다고 합니다.

역사 깊이 읽기

학교를 싫어한 왕족들

학문을 좋아하던 세종은 왕족들이 할 일 없이 놀고먹는 것을 염려했습니다. 신분이 높고 재물도 많으니 자칫하면 방탕한 생활에 빠져 왕실의 체면을 손상시킬 수도 있고, 그렇게 되면 백성들을 교화하고 다스리는 데 큰 어려움이

따를 것이 불을 보듯 뻔했기 때문입니다.

　세종은 왕족도 공부를 하여 왕실 가족에 걸맞은 교양을 쌓고 학문을 익히기를 바랐습니다. 그래서 생긴 것이 왕실 전용 교육 기관인 '종학'이었습니다.

　이곳의 선생님은 쟁쟁한 성균관 교수들이 겸임했으며, 왕족인 학생들은 8세가 되면 모두 종학에 입학했다고 합니다. 하지만 왕족은 이미 특권층이라 과거를 치를 필요가 없었기 때문에 배움에 대한 열의도 그만큼 떨어질 수밖에 없었습니다. 세종처럼 학문을 좋아하는 사람이 아니고서야 배우고 외우고 시험 보는 일을 좋아할 사람은 없었을 것입니다.

　하지만 왕족들이 설렁설렁 시간만 때우는 것을 막으려고 종학에도 시험이 있었답니다. 시험에 낙제하거나 출석률이 낮으면 졸업을 못하거나 처벌을 받기 때문에 왕족들

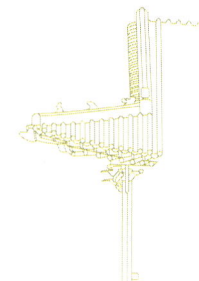

은 억지로라도 공부를 해야만 했습니다.

그런데 조선 제2대 왕인 정종의 둘째 아들 순평군은 40세가 넘도록 일자무식이었다고 합니다. 그래서 오래도록 종학에 다니게 되었지만, 끝끝내 종학에서 처음 배우는 책인 《효경》의 맨 첫 장만 배우나 말았다고 합니다. 사정이 이러하니 순평군은 주변 사람들의 웃음거리가 되어 치욕스러울 수밖에 없었겠지요. 그런 순평군이 죽음에 임박해서 이런 말을 했다고 합니다.

"이젠 종학에 다니지 않아도 되니 속이 다 시원하다!"

옛날이나 지금이나 하려고 해도 잘 되지 않는 공부는 누구에게나 엄청난 스트레스였나 봅니다. 종학은 성종 시대에 종친들의 벼슬길이 전면적으로 막히게 됨에 따라 유명무실해졌고, 결국 영조 시대에 가서 폐지되었습니다.

수성금화사

궁궐과 도성을 건축하는 일과 각처에서 일어나는 화재를 진압하는 일을 맡은 곳입니다. 오늘날의 국토해양부와 소방서의 일을 했다고 보면 됩니다.

전설사

나라의 행사가 있을 때 쓰는 장막을 관리하고 공급하는 일을 맡은 곳입니다.

풍저창

쌀, 콩, 종이 등의 물건을 맡아 관리한 곳입니다.

광흥창

문무 관리들의 녹봉(월급)을 관리하고 지급한 곳입니다.

역사 깊이 읽기

조선 시대 관리들은 봉급을 어떻게 받았을까요?

조선 시대 관리들은 봉급을 지금처럼 매달 월급처럼 돈으로 받지 않았습니다.

제3대 왕인 태종까지는 1년에 두 번, 1월과 7월에 지급했다가, 세종 때부터는 1년에 네 번으로 봄, 여름, 가을, 겨울에 계절별로 지급했습니다.

봉급은 곡식이나 포(옷감), 저화(지폐)처럼 돈과 바꿀 수 있는 물건이나 현금을 지급했습니다. 이 밖에도 과전이라는 토지를 같이 주었습니다.

곡식은 쌀과 누런 콩, 밀 등을 받았으며, 포는 명주와 삼베를 받았습니다.

저화는 고려 말기부터 조선 초기까지 사용되던 종이돈이었는데, 저화 한 장이 쌀 한 되에 해당했습니다. 하지만 사람들이 종이돈과 물건을 교환하기를 꺼리자 자동적으로 화폐로서의 기능을 잃어 버려 마침내 중종 초기인 1512년에는 완전히 사라졌습니다.

곡식, 포, 저화 등은 1년에 네 번 받은 데 비해, 과전은 관리가 되었을 때 받았다가 퇴직하면 나라에 돌려주는 농토였습니다. 하지만 과전법은 많은 이들이 과전을 그대로 가지고 있거나 자손에게 물려주는 폐단이 있어서 세조 때에는 현직에 있는 관리에게만 농토를 주는 직전법으로 바꾸었습니다.

그러나 욕심 많은 관리들이 소작농들에게서 너무 많은 곡식을 빼앗자, 나라에서 아예 농민들에게 일정량의 곡식을 거두어 그것을 관리들에게 나누어 주었습니다. 이렇게 되자 직전법은 봉급에 얹어 주는 보너스 같은 것이 되었습니다. 그러다가 거듭되는 흉년과 임진왜란으로 나라의 재정이 악화되면서 직전법은 완전히 사라졌습니다.

전함사

중앙과 지방의 배를 맡아 관리한 곳입니다.

전연사

궁궐의 낡은 부분을 수리하는 일을 맡은 곳입니다.

종묘서

종묘는 조선의 왕과 왕비의 신주들을 모신 왕실 사당입니다. 유교 국가인 조선에서는 건국 후 종묘와 사직단을 세워 조상의 은덕에 보답하며 천지신명에게 농사가 잘 되게 해 달

종묘 정전

종묘는 사직단과 함께 조선 왕조에서 가장 중요시한 제례 공간이었다. 정전은 종묘의 중심을 이루는 곳으로, 19칸이 옆으로 길게 이어져 있어 우리나라 단일 건물 중 가장 긴 건물로 꼽힌다. 1395년 9월에 건축되었고, 당시 한성부 동부 연화방에 위치하고 있었다. 현재 국보 제227호이다.

서울시 종로구 훈정동 소재

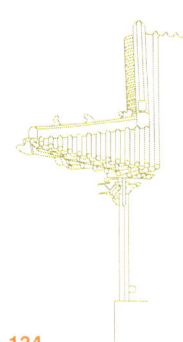

라고 제사를 지냈습니다.

종묘서는 정자각과 종묘를 지키는 일을 맡은 곳입니다. 정자각은 왕릉이나 왕비릉마다 있는 정(丁)자형으로 생긴 건물로, 이곳에 신주를 모시고 제사를 지냈습니다.

사직서

종묘가 경복궁의 동쪽에 있다면 사직단은 경복궁의 서쪽에 있습니다. 사직단은 임금이 토지의 신과 곡식의 신에게 국가 제례를 드리던 곳입니다.

사직서는 이 사직단을 청소하고 관리하는 일을 맡았습니다. 이곳에서 행하는 중요한 제례로는 정월과 2월, 8월, 동짓달에 행하는 4대 제례가 있었습니다. 이곳에서는 주로 나라와 백성들의 안녕과 풍년을 빌었는데, 가뭄이 들었을 때 비를 기원하는 기우제나 풍년이 들게 해 달라는 기곡제도 모두 이곳에서 드렸습니다.

평시서

시장을 단속하고, 되나 저울 같은 것을 통일시켜 상인들이 소비자를 속이지 못하도록 하며, 물가를 조절하는 일 등을 맡아보던 곳입니다.

지금의 공정거래위원회가 하는 일과 비슷한 일을 했다고 할 수 있습니다.

사온서

궁궐에서 사용하는 술의 공급을 맡은 곳입니다.

의영고

기름, 꿀, 밀랍, 후추 등의 공급과 관리를 맡은 곳입니다.

장흥고

돗자리, 유둔(비를 피하기 위해 사용한 두꺼운 기름종이), 종이 등의 물건을 관리하고 공급하는 일을 맡은 곳입니다.

빙고

왕실에서 사용하는 얼음을 저장하는 일을 맡은 곳입니다.
서울 용산구, 한강변에 동빙고동과 서빙고동이란 동네가 있는데, 이곳이 조선 시대에 빙고가 있던 곳이라 합니다. 겨울에 한강물이 얼면 깨끗한 얼음을 조각내어 이곳에 보관했

다가 여름에 꺼내어 썼다고 합니다.

장원서

대궐 후원의 꽃과 과일나무에 대한 관리를 맡은 곳입니다. 왕실 전용 정원사가 있는 조경원이라고 할 수 있습니다.

사포서

후원의 밭을 가꾸고 채소를 제공하는 일을 맡은 곳입니다.

양현고

성균관 유생들에게 쌀이나 콩 등의 식량을 공급하던 곳입니다.

조지서

각종 종이를 만드는 일을 맡은 곳입니다.

혜민서

의약품에 관한 일과 일반 백성들의 병을 치료하는 일을 맡은 곳입니다. 의과 시험에서 높은 점수를 받은 사람과 의학 교수 등을 배치한 것으로 보아, 이곳에서 각종 약재에 대한 연구와 임상 실험도 행했던 것으로 보입니다. 지금으로 말하자면 국립보건원과 국립의료원의 역할을 함께 한 듯합니다.

활인서가 주로 행려병자(떠돌아다니다가 병이 든 사람), 노숙자, 빈민 들을 치료하고 구제하던 곳이라면, 혜민서는 일반 백성들을 위한 서민 병원이었습니다.

활인서

도성 안의 급한 환자들을 치료하고 돌보는 곳으로, 주로 오갈 데 없는 사람들을 치료하고 그들에게 음식과 옷을 주었다고 합니다. 지금으로 얘기하자면 빈민 구호소와 무료 병원의 역할을 했다고 볼 수 있습니다.

이곳에는 의원 외에도 정신병의 치료를 담당한 무당, 병원 일을 보는 스님 그리고 시체 매장을 담당하는 스님도 근무했다고 합니다.

도화서

궁궐에서 필요한 그림을 그리는 일을 맡은 곳입니다.

서양에도 왕실의 초상화나 궁궐에서 필요한 그림을 그리는 궁정 화가가 있었던 것처럼, 조선 시대에도 그런 화가들이 필요했습니다. 이들의 역할은 매우 중요하고 다양했습니다.

도화서의 화원은 여러 번의 시험을 거쳐 선발되었으며, 미술 교수 밑에서 꾸준히 그림 공부를 했습니다. 화원을 선발하는 시험은 대나무, 산수, 인물, 새와 짐승, 화초 등을 시험 과목으로 했다고 합니다.

풍속화의 대가인 김홍도, 신윤복 등을 비롯해, 조선 시대의 내로라하는 화가들은 대부분 도화서 출신이었다고 합니다.

김홍도의 '씨름'

김홍도는 조선 후기의 화가로, 풍속화를 개성 있게 그린 것으로 유명하다. 특히 서민들의 일상생활을 익살스럽게 묘사하였다.

전옥서

옥에 갇힌 죄수들을 관리한 곳입니다.

와서

기와와 벽돌 굽는 일을 맡은 곳입니다.

4학

태종 때, 한양의 북쪽에 중학을 세우고 동쪽과 남쪽, 서쪽에 각각 동학, 남학, 서학을 세운 것을 말합니다. 4학은 그 지역 안의 유생들을 가르치는 일을 맡았습니다. 성균관에 속한 교육 기관으로, 학제나 교육 방침은 성균관과 비슷했습니다.

5부

한양을 중부, 동부, 남부, 서부, 북부의 5부로 나눈 것을 말합니다. 5부는 담당 지역의 각 동네에 거주하는 사람들의 범죄를 다스리고, 화재 단속, 토지 측량, 동네 경비, 시체 검사 등의 일을 맡았습니다.

지금의 지구대(파출소) 같은 곳이라 할 수 있습니다.

제2장
조선의 지방 관청

강화유수부 이방청 전경

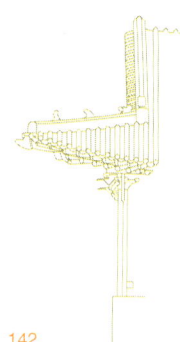

8도

사극에는 사또라 불리는 원님 앞에 이방, 형방, 나졸들이 죽 늘어서 있는 동헌 앞마당, 또는 병마절도사나 수군절도사가 나오는 군대 막사나 전투 장면이 자주 나옵니다. 또 복잡한 관직들이 많이 나오는데, 여러분은 관직 이름을 들으면 그 순간뿐, 돌아서면 금방 잊어버렸을 것입니다. "조선 시대에는 어떤 관청이 있었을까?"라는 의문이 생겼을 때 "그 많고 복잡한 관청을 어찌 다 알겠어?" 하고 지레 겁부터 먹었을지 모릅니다.

하지만 어떤 관리가 어디에서 무슨 일을 했는지 알게 된다면 사극이 좀 더 쉽고 재미있어질 겁니다.

지금까지 왕 주변의 관청들과 중앙 관청들을 훑어 보았는데 어땠나요?

"시작이 반이다."란 말처럼, 벌써 조선 시대 관청을 절반 이상 이야기했습니다. 이제 마지막 힘을 내서 지방 관청들을 둘러볼까요?

조선의 지방 관청은 크게 8도 체제에 따라 이루어졌습니다. 8도는 경기도, 충청도, 경상도, 전라도, 강원도, 황해도, 평안도, 함경도였습니다.

이곳에는 행정을 담당하는 문관직과 국방을 담당하는 무관직을 파견했습니다. 관찰사나 목사는 문관 지방 관리이며, 병마절도사나 수군절도사는 무관 지방 관리였습니다.

지방 관청의 체계

지방 관청은 도를 중심으로 부, 대도호부, 목, 도호부, 군, 현 등으로 이루어져 있었습니다.

경기도, 충청도 하는 대단위 구역은 옛날이나 지금이나 마찬가지입니다. 부는 지금의 인천이나 대전 같은 광역시처럼 큰 도시를 말합니다.

대도호부는 목과 비슷한 구역을 말하는데, 도호부 중에서 군사적 기능을 가진 중요한 지역을 대도호부라 정했습니다.

목은 지금의 시 단위에 해당한다고 볼 수 있습니다. 도호부는 그보다 좀 작은 도읍으로 군 가운데 1천 가구 이상 되는 군을 도호부로 지정했다고 하니, 시와 군의 중간 단계라고 보면 될 것 같습니다.

군은 지금의 군 소재지가 있을 만한 정도의 고을을 가리킵니다. 현은 크기에 따라 둘로 나뉘는데, 현령이 파견되는 현은 지금의 읍 소재지, 현감이 파견되는 현은 그보다 좀 더 작은 고을로 지금의 면 소재지에 해당한다고 보면 되겠습니다. 이외에 찰방이 관리하는 역참이 있었습니다.

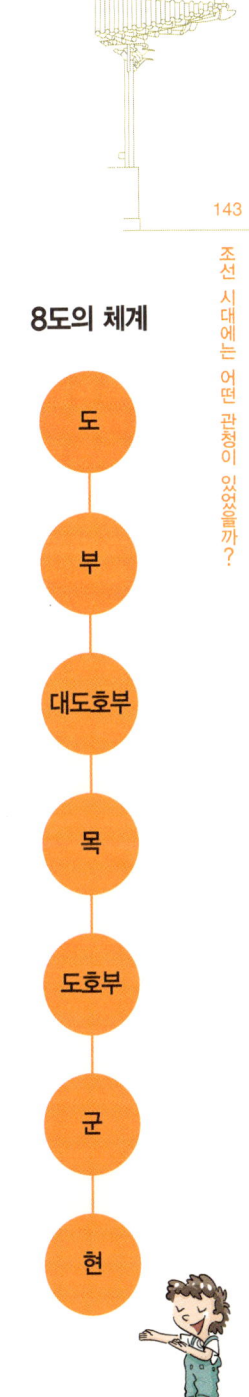

조선 시대에는 어떤 관청이 있었을까?

8도의 체계

도 — 부 — 대도호부 — 목 — 도호부 — 군 — 현

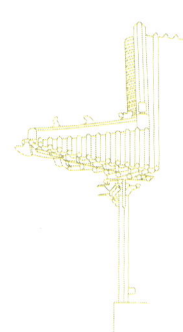

임금이 다스리는 지방 행정 구역 중 최상위에 있는 것을 말합니다. '도'라는 말이 처음 쓰인 것은 고려 성종 때(999)부터입니다. 하지만 지금의 도와 비슷한 8도 체제가 된 것은 조선 태종 때인 1413년입니다.

이곳의 우두머리는 지방 장관이라 할 수 있는 관찰사인데, 감사 또는 도백이라고도 불렀습니다. "평양 감사도 저 하기 싫으면 그만."이라는 속담에 나오는 감사가 바로 평안도를 책임지는 장관인 관찰사를 가리키는 말입니다.

관찰사가 근무하는 관청은 '감영'이라고 했습니다. 그 소재지를 보면 경기 감영은 서울과 수원 두 곳에 충청 감영은 공주, 전라 감영은 전주, 경상 감영은 대구, 강원 감영은 원주, 황해 감영은 해주, 평안 감영은 평양, 함경 감영은 영흥 등이었으나, 시기별로 변동이 있었습니다.

관찰사는 크게 두 가지 일을 했습니다.

첫째, 지방 관리들을 평가하고 근무 실태를 파악했습니다. 즉 1년에 두 번, 끊임없이 도내를 순시하면서 수령을 비롯한 모든 지방 관리의 근무 성적을 매겨서 보고했습니다.

지방 관리들의 잘잘못을 가려내는 관찰사는 말 그대로 '관찰하는 사또'라고 할 수 있습니다. 사헌부와 하는 일이 비슷하다 하여 사헌부를 '내헌'이라 부르고, 관찰사를 '외헌'이라 부르기도 했답니다.

관찰사는 관리들의 성적을 매기는 자리이기 때문에 임기를 1년으로 제한했습니다. 또한 같은 도내에 친척이나 형제가 관리로 근무하지 못하게 했습니다. "팔이 안으로 굽는다."는 속담처럼 공정한 평가가 이루어지지 못할까 염려하여 만든 제도이지요.

둘째, 제일 높은 지방 장관으로서 도내의 모든 군사와 백성을 통솔하고 지휘했습니다. 그래서 관찰사가 각 도의 병마

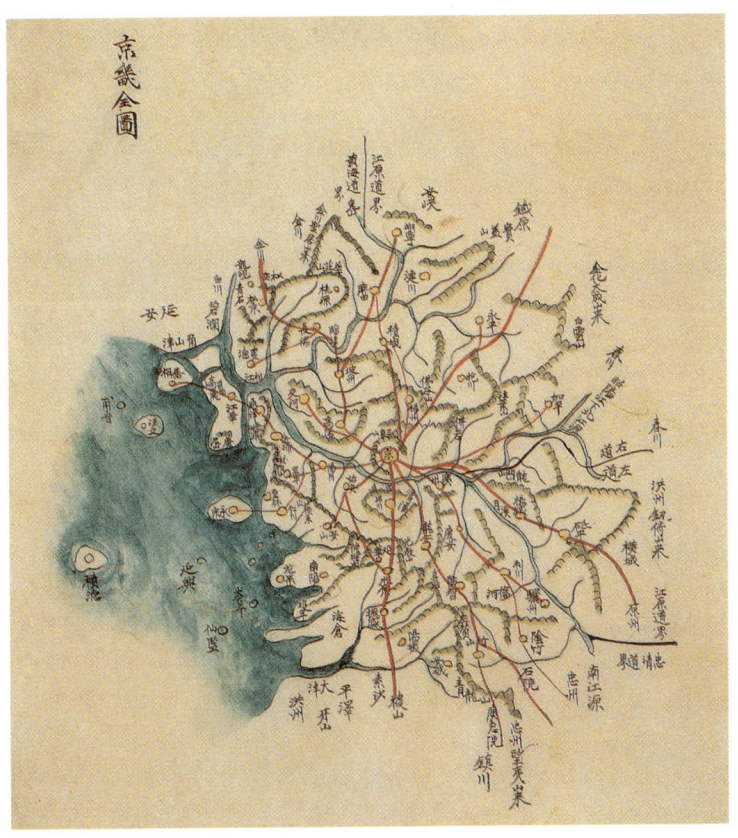

경기전도

수도 한양을 둘러싼 경기도의 지형과 하위 행정 구역을 표시한 지도이다. 경기도는 수도 운영에 필요한 물자와 노동력을 확보하고 수도를 보호하는 역할을 했다.

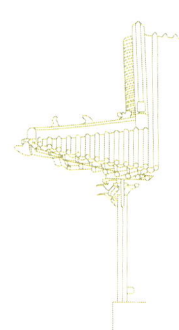

절도사와 수군절도사를 겸하는 경우가 많았습니다.

외적의 침입이 빈번한 국경 지대인 평안도와 함경도 그리고 병마절도사와 수군절도사가 2명 이상 설치된 경상도와 전라도의 경우에도, 관찰사가 반드시 그중의 하나를 겸임했으며 병마절도사나 수군절도사보다 높은 위치에서 지휘를 했습니다.

관찰사 밑의 직속 관원으로는 도사 외에 검률, 심약 등을 두었습니다.

도사는 관찰사를 보좌하기 위해 중앙에서 파견하는 관리였습니다. 관찰사가 군사, 국방까지 맡아보았기 때문에 도사는 주로 행정 사무 일을 맡아서 했습니다.

검률은 법률을 담당하던 관원으로, 형사 재판 때에 정확한 법률을 적용하여 공평한 판단을 내리는 데 도움을 주거나, 법률 문제가 생겼을 때 법의 해석과 인용을 맡아 했습니다. 지금으로 말하자면 지방에 파견된 판사나 검사 같은 법률가라고 할 수 있겠습니다.

심약은 각 도의 생산물 중에서 궁중에 바치는 약재를 심사하고 감독하던 의원입니다.

부

부는 도 바로 아래의 행정 단위로, 관찰사의 관리를 직접 받지 않고 부윤의 지휘 아래, 자체적으로 관리하는 행정 구역으로 지금의 부산, 인천 같은 광역시와 비슷하다고 보면 됩니다.

고려 시대부터 있던 부 제도는 지방 호족 세력이 강한 지역에 설치하여 어느 정도 자율권을 보장해 주었던 호족 회유책이었던 것 같기도 합니다.

부를 다스리는 부윤과 도를 책임지는 관찰사의 품계가 똑같이 종2품인 것만 봐도 부의 지위가 도 못지않았음을 알 수 있습니다.

고려 왕조의 수도인 개성에는 특별히 개성유수부가 설치되었으며 경주, 전주, 영흥, 평양 등에 부가 설치되어 있었습니다. 그 중 영흥과 평양은 관찰사가 겸임했습니다.

부에는 종2품인 부윤 외에 경력, 도사, 교수 등이 파견되었습니다.

경력은 각 관청에서 공문서의 처리 같은 행정 실무를 맡아보았던 종4품의 관직입니다. 도사 역시 부윤을 보좌하며 각종 서류 처리를 맡아보았던 종5품 관직입니다.

교수는 향교에서 유학 교육을 담당했던 종6품 관직입니다. 주로 문과 급제자들이나 생원, 진사 가운데에서 임명했습니다. 지금의 대학 교수도 여기에서 비롯된 이름입니다.

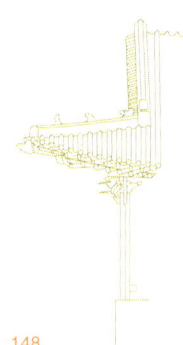

목

목은 고려 초기에 전국 12목에 관리를 파견하여 다스린 것에서 시작되었습니다.

목은 전국 총 20여 지역에 설치되었는데 경기도에는 광주, 여주, 파주, 양주 등에 설치되어 있었습니다. 지방의 중심이 되는 큰 읍을 가리키는 목은 각 도의 주요 도시로 경제, 군사적으로 중요한 곳에 자리하고 있었습니다.

이곳의 관리는 정3품 목사를 비롯해 유학생에게 《논어》, 《중용》 같은 유교 경전을 가르치는 교수, 판관 등이 있었습니다.

도호부

도호부는 대도호부와 도호부로 나눌 수 있습니다. 도호부는 본래 오랑캐나 이민족을 통치하기 위해 국경 근처에 설치했던 군사적 행정 구역이었는데, 고려 시대부터 일반 행정 기구로 변화되었습니다.

조선 태종 때(1415) 가구 수가 1천 호 이상인 것을 도호부로 승격시켰으며, 그중에서도 군사적 요충지나 주요 지점을 대도호부로 승격시켰습니다. 경상도 안동, 강원도 강릉, 평안도 영변, 함경도 안변 등이 대도호부가 있던 곳입니다.

대도호부는 목사와 같은 정3품 관리인 대도호부사가 파견되는 행정 구역이었습니다. 이에 반해, 도호부는 목과 군의 중간 단계 정도의 구역으로, 종3품 도호부사가 파견되었습니다. 《춘향전》에 등장하는 이몽룡의 아버지가 바로 남원 도호부 부사였지요.

군

역사적으로 가장 오랫동안 지속된 지방 행정 구역이 바로 군입니다. 조선 시대의 군은 8도, 부, 대도호부, 목, 도호부 밑에 설치되었으니 그 구역과 기능이 지금의 군과 비슷했다고 할 수 있습니다.

군의 최고 관리는 예나 지금이나 군수입니다. 조선 시대의 군수는 종4품 관직이었습니다.

현

지방 행정 구역 중 가장 작은 단위가 바로 현입니다. 같은 이름의 현이라도 인구와 농토에 따라 현의 넓이가 정해졌는데, 큰 현에는 종5품의 현령이 파견되었고, 작은 현에는 종6품의 현감이 파견되었습니다.

조선 시대에 현령이 파견된 현은 34군데, 현감이 파견된 현은 141군데에 달했습니다. 현감은 지방 수령 중에 가장 낮은 직급이었지만 지방에 파견된 수령의 대부분을 차지하고 있었습니다. 그리고 절제도위라는 군직까지 겸임하여 그 지방의 군사 업무까지 맡아보았습니다.

역사 깊이 읽기

사또와 원님은 어떻게 다를까요?

사또는 사도에서 나온 말로 왕의 명령을 받은 사람이라는 뜻으로, 한 지방을 다스리는 관리를 높여 부른 말입니다. 부하 장졸이 군 지휘관(장수)을 부를 때도 '사또'라고 했습니다.

원님 역시 그 직위가 목사건 군수건 현령이건 간에 한 고을의 수령을 높여 부른 말로, 사또나 원님은 거의 같은 뜻으로 쓰였습니다.

사극에서 보면 아랫사람이 군수나 현령 앞에 나왔을 때 군수님, 현령님 하고 그 직책을 부르지 않고 '원님'이나 '사또 나리'라고 부르는 것을 볼 수 있는데, 이는 모두 아랫사람들이 고을 수령을 높여서 부르는 말이었습니다.

지방 관아의 체계

지방 관청도 중앙 관청과 마찬가지로 6조 체제로 만들어서 운영했습니다. 6조에 이조, 호조, 예조, 병조, 형조, 공조가 있는 것처럼 지방 관아도 그대로 운영하면서 그곳의 부서나 우두머리들을 이방, 호방, 예방, 형방, 병방, 공방 등으로 불렀으며 6방 혹은 6방 관속이라 불렀습니다.

지방의 관리들을 향리 또는 시골 아전이라 하는데 이들은 그 직무가 세습되었습니다. 그리고 조선 전기에는 호방이 중심이었지만 조선 중기부터 이방 중심으로 지방 행정이 운영되었습니다.

조선 시대에는 어떤 관청이 있었을까?

신관도임연회도
지방 관아에 신임 수령이 부임한 때의 연회 장면을 그린 그림이다. 관리들과 기녀, 선비 등이 보인다.

이방

지방 관아에서 향리들의 직책이나 상벌에 관한 일을 맡아 보던 부서, 또는 그곳의 책임 관리를 이방이라 합니다.

이방은 시골 아전의 대표자로서 호방, 형방 등과 함께 '3공형'으로 불리며 지방 행정의 실권을 가지고 있었습니다. 원래 지방 행정은 책임자인 수령이 맡아 하는 것인데, 수령들이 지방 사정에 어두운 것을 이용해 3공형에 해당하는 아

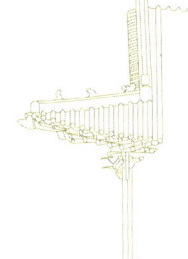

강화유수부 이방청

강화유수부 안에 있는 6방(이방·호방·예방·병방·형방·공방)의 건물 중 이방청이다. 조선 효종 때 유수 정세규가 지어 관아로 사용했으며, 정조 때 다시 지었다.

인천시 강화군 강화읍 소재

전들이 백성과 수령을 속이는 일이 많았습니다.

조선 말기 역사를 보면 "탐관오리들 때문에 백성들의 원성이 높아서 민란이 자주 일어났다."란 대목이 나옵니다. 여기서 탐관오리가 바로 탐욕스럽고 부패한 관리를 가리키는 말로서 못된 수령과 아전을 한꺼번에 이르는 말입니다.

호방

인구를 파악하는 호구 조사, 논밭의 조사, 세금, 나라에 바치는 공물 등에 관한 사무를 맡아보던 부서 또는 그곳의 책임 관리를 호방이라 합니다.

호방은 업무가 세금, 농토 등 경제생활과 관련되어 있어서 백성들의 생활과 직결되었습니다. 그만큼 권세가 컸으며, 권세가 큰 만큼 부정부패를 저지르는 일이 많았습니다.

형방

형방은 법률, 형벌, 소송, 노비 등에 관한 사무를 담당하던 부서, 또는 그 일을 맡은 책임 관리를 가리키는 말입니다.

형방은 백성들의 소송이나 죄를 벌하는 일 등을 담당했으므로 백성들에게 권세를 부렸으며, 죄를 가지고 흥정하거나 농간을 부리기도 했습니다.

형방은 그 사무가 지금의 지방 재판소와 같은 것이어서 자못 그 일이 중하다 하여 이방, 호방과 함께 3공형으로 불렸으며 시골 아전의 중심 세력이 되었습니다.

예방

중앙의 예조와 마찬가지로 지방 관청에서 각종 예식, 제사, 교육, 손님맞이 업무 등을 담당하던 부서 또는 그 일을 맡아보던 책임 관리를 가리키는 말입니다.

하지만 지방 행정은 전적으로 수령의 책임이었고, 중요한 권한은 이방, 호방, 형방이 쥐고 있었기 때문에 예방은 실권도 없고 할 일도 없는 한가한 부서이자 직책이었습니다.

병방

지방 관청의 병방은 군사 훈련, 경찰 업무, 군역 부과, 성곽·도로·봉수대의 관리 등을 맡아보던 부서 또는 그 책임 관리를 가리키는 말입니다.

지금 성인 남자들이 일정 기간 군복무를 하는 것처럼, 조선 시대에도 군역의 의무가 있었습니다. 당시에는 16세 이상 60세 이하의 남자는 모두 군역의 의무가 있었습니다. 농사나 가족 부양 때문에 군역을 못하게 될 경우에는 포(布 : 베)를 대신 내야만 했습니다.

병방 역시 그 업무가 백성들의 생활과 직결되어 있었으므로 형방이나 이방 못지않은 위세를 누렸습니다. 그래서 중간에서 군역을 빼 준다고 꾀어 백성들의 돈을 받아먹는 등 심한 횡포를 부리기도 했습니다.

공방

지방 관아의 공방은 산림, 저수지, 토목, 선박, 공장, 광산에 관한 업무를 담당하는 부서, 또는 그 일을 맡은 책임 관리를 말합니다.

예방과 마찬가지로 실제로 하는 일은 많지 않았던 한가한 부서였습니다.

역사 깊이 읽기

탐관오리의 횡포

조선 후기에는 백성들이 주축이 된 민란이 전국 각지에서 일어났습니다. 대개 그 원인은 탐관오리들의 횡포와 삼정의 문란에 있었습니다.

그 무렵 지방 수령 자리는 돈으로 사고파는 자리라는 말이 나돌 정도로 뇌물이 성행했습니다. 몇만 냥, 몇천 냥씩 바치고 감사나 수령 자리를 얻으니, 자기가 벼슬 얻는 데 쓴 돈을 다시 모으려고 애꿎은 백성들의 주머니만 털었던 것입니다.

또한 수령 밑에 있는 아전들은 세금을 감해 준다고 꾀거나 군역을 빼 주겠다고 꾀는 등 여러 가지 명목으로 백성들의 피땀을 가로챘습니다.

이렇듯 수령과 아전이 한통속이 되어 세금을 거두어 가니, 막다른 골목에 다다른 백성들이 탐관오리의 횡포에 항거하는 민란을 일으켰던 것입니다.

당시 백성들을 가장 괴롭히던 문제는 삼정이었습니다. 삼정은 농토에 세금을 부과하는 전정, 병역의 의무를 군포로 내게 하는 군정, 봄에 곡식을 빌려 주었다가 가을에 되갚게 하는 환곡, 이 세 가지였습니다.

전정의 세금을 거둘 때면 탐관오리들은 공인된 세금 외에 갖은 명목으로 많은 잡비를 거두어들이고, 비옥한 토지는 나라 장부에 기재하지 않고, 거기에서 거두는 세금을 자신들의 것으로 삼기 일쑤였습니다.

군정은 더 심했습니다. 군역을 피해 도망가거나 파산하면 이웃 사람이 대신 내야 하는 인징, 마을 사람들이 공동 부담하는 동징, 친척에게 대신 내게 하는 족징 등이 있었으며, 심지어 젖먹이 어린아이도 내게 하는 황구첨정, 죽은 사람 것도 내게 하는 백골징포 등이 유행했습니다.

환곡은 본래 먹을 것이 없어 굶주리는 봄철에 농민들에게 곡식을 빌려 주었다가 가을에 추수하면 빌려 준 곡식을 되받는 좋은 제도였습니다.

하지만 역시 아전들과 수령들의 농간이 극심해서 모래나 겨가 섞인 곡식을 나눠 주었다가, 받을 때는 높은 이자

태인 동헌
동헌은 지방 관청이 일을 보던 중심 건물로, 수령 등이 근무했다. 지방의 행정 업무와 재판 등을 이곳에서 했다.
전라북도 정읍시 태인면 소재

에 좋은 쌀로만 받아 가니 백성들의 원성이 높았습니다. 거기다 흉년이라도 들면 곡식 대신에 돈으로 주는데, 그것도 수령이 수수료를 떼어 내고, 아전들이 교제비 명목으로 떼어 가고, 곡식 창고지기는 곡식 축난 것을 채운다고 떼어 가니 정작 백성들에게 돌아오는 것은 눈덩이처럼 불어나는 빚밖에 없었습니다.

이런 폐해 때문에 유랑민이나 구걸하는 백성이 늘어나자, 탐관오리들의 횡포를 없애고자 일어났던 것이 민란입니다.

철종 때인 1862년에만 진주 농민 봉기를 시작으로 총 37회의 민란이 전국 각지에서 일어났습니다. 당시 수령이었던 백낙신이 몇 년 동안 착취한 재물만 5만 냥에 달했다고 합니다. 이쯤 되면 탐관오리들의 횡포가 얼마나 심했는지 알겠지요?

병조의 지방 관직

지금까지 알아본 것은 행정 중심의 지방 관청이었습니다. 하지만 옛날이나 지금이나 국토방위는 매우 중요한 일이었고, 그 때문에 군사 중심의 지역 체제가 따로 짜여 있었습니다. 물론 그에 따른 관직도 달랐습니다.

군의 최고 사령관인 병마절도사가 무엇인지, 이순신 장군이 가졌던 직함인 수군통제사가 어떤 것인지 차근차근 알아봅시다.

병마절도사

각 도의 국방 책임을 맡아 급한 일이 생겼을 때 군사 지휘권을 가지고 있었던 종2품의 무관직입니다. 초기에 병마도절제사로 불렀던 것을 세조 때 병마절도사로 명칭을 바꾸었습니다.

하지만 뿌리 깊은 문관 중심의 관리 체제 때문에 각 도의 병마절도사는 문관인 관찰사들이 겸했습니다.

병마절도사가 두 명씩 배치된 곳에서는 한 명은 관찰사가 겸하고, 나머지 한 명만 무관 출신이 맡았습니다. 그리고 병마절도사를 겸한 관찰사는 겸병사라 했으며, 병마절도사만을 맡은 자는 단병사라 했습니다. 사정이 이러하니 지휘 체계에서도 항상 관찰사인 겸병사가 위에 있었습니다.

하지만 엄연히 군사 체계인데 문신 관리가 겸함에 따라 국방 체제가 허술해졌습니다. 그래서 정작 외적이 침입하거나 내란이 일어났을 때에는 한양에서 따로 장수를 파견하곤 했답니다.

병마절도사는 도내를 수시로 순회하면서 군사 훈련, 무기 제작, 군사 시설 등을 살펴 방어 태세를 갖추고, 외적의 침입이나 내란 등이 발생할 때에는 군사를 동원하여 조치를 취할 수 있었습니다.

병마절도사 밑으로는 정3품의 병마절제사와 종3품의 병마첨절제사, 병마우후, 종4품의 병마동첨절제사, 정6품의 병마평사, 종6품의 병마절제도위 등이 각각의 진을 맡아 다스렸습니다.

병마절제사

세조 때 행정 구역과는 별도로 전국을 군사 진영으로 나눴는데, 절도사가 관할하는 군영은 주진, 그 밑의 단위는 거진, 다시 그 밑의 가장 작은 단위는 제진이라 했습니다.

그중 거진을 맡은 정3품 당상관을 병마절제사라 했는데, 경주와 전주, 의주와 경기도 광주의 부윤이 병마절제사를 겸임했습니다.

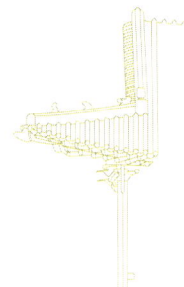

수군통제사와 수군절도사

종2품의 수군통제사는 경상, 전라, 충청 3도의 수군을 지휘 통솔하는 수군 총사령관으로서 '삼도수군통제사'라고도 불렀습니다.

수군통제사는 임진왜란 중이던 1593년에 선조가 새로 만든 관직으로 수군의 지휘, 명령을 손쉽게 하려고 설치한 것입니다. 왜군을 크게 무찌른 이순신이 마음껏 3도의 수군을 통제하고 지휘하라고 힘을 실어 준 것이지요.

당시 삼남 지방의 수군은 충청도, 경상우도, 경상좌도, 전라우도, 전라좌도로 나누어져 있었습니다. 삼도수군통제사는 당시 전라좌수사였던 이순신이 5도의 수사들과 협의하고 연락하느라 작전의 때를 놓치면 안 되겠기에 급히 마련한 직

수군통제영

경상, 전라, 충청 3도의 수군을 총지휘하는 삼도수군통제사가 머물렀던 곳이다. 조선 선조 때 지은 것으로 세병관, 백화당, 정해정 등이 있었으나 지금은 세병관만 남아 있다. 그러나 아직도 멀리 남해를 바라보며 당시의 위용을 자랑하고 있다.

경상남도 통영시 문화동 소재

책입니다.

한편, 수사라고도 불리는 수군절도사는 그전부터 있던 것으로 각 도의 수군을 효율적으로 지휘하기 위해 두었던 정3품의 무관직이었습니다.

수군통제사가 되기 전에 이순신은 '전라좌수사' 였는데 이는 전라좌도를 책임지는 수군절도사란 뜻입니다.

육지의 군사들이 있는 곳을 군영이라 한 데 비해 수군들이 있는 곳은 수영이라 했습니다. 절도사는 주진이 있는 수영에 머물며 수군들을 감독하고 지휘했습니다. 대표적인 수영은 여수, 충무, 거제, 교동, 보령, 해남 등에 있었습니다.

절도사 밑에는 종3품 부지휘관인 첨절제사, 정4품 우후, 종4품 동첨절제사, 종4품 만호, 종9품 권관 등이 있어 절도사의 지휘를 받았습니다.

정4품 우후는 각 도의 장수인 절도사를 보필하고 군령을 담당하는 무관으로서 아장이라고도 했습니다. 병마절도사에 속한 병마우후는 종3품이고, 수군절도사에 속한 수군우후는 정4품이었습니다.

우후는 절도사를 도와 군사를 지휘하고 군령을 전달하는 일 외에 군사 훈련, 순찰도 했으며 군대 물자도 관리하는 등 그 임무가 다양하고 막중했습니다.

종4품인 만호는 주로 외적의 침입을 방어하는 요새에 두었던 무관직입니다. 원래 만호는 자신이 통솔하여 다스리는 민가의 호수에 따라 정해지던 관직으로, 천 가구를 다스리면 천호, 만 가구를 다스리면 만호 등으로 불렸습니다.

그러나 조선 시대에 들어와서는 주로 외적의 침입을 방어하는 임무를 담당하게 되었습니다. 즉 여진족의 침입이 잦은 함경도 등 북방 내륙 지방이나 왜구의 침입이 잦은 남서 해안의 요지에 만호를 파견하여 그곳의 방비를 맡도록 했습니다.

찰방

조선 시대에 각 도의 역참을 관리하던 종6품의 관리를 말합니다.

대부분의 사람들은 역참을 단순히 말을 갈아타는 곳으로만 알고 있습니다. 그러나 조선 시대에 역참은 국가 명령과 공문서의 전달, 또는 긴급한 군사 정보 등을 주고받는 중요한 통신 기지였습니다. 때로는 사신 왕래에 따른 접대 등도 맡았으니 역참이야말로 군사, 외교적으로 중요한 곳이라 할 수 있을 것입니다.

지금의 서울역 같은 곳은 그저 기차를 갈아타는 정도로만 이용되고 있습니다. 그러나 조선 시대의 역참은 정거장, 군사 기지, 여관의 기능을 함께 가지고 있는 독특한 제도였습니다.

　이 역참의 최고 책임자인 찰방은 역에서 일하는 관리들과 백성들을 관리하는가 하면, 좋은 역마(파발마)를 공급하고 역참에 묵는 사신들을 접대하는 등의 일을 지휘했습니다. 그런가 하면 유사시에는 북방의 역촌들을 순시하면서 그 지역을 방비하는 지휘관이 되기도 했습니다. 때로는 지방 탐관오리들의 행실과 고을의 질병 등을 조사하여 보고하는 등, 암행어사와 비슷한 일을 하기도 했습니다.

문경 유곡역 찰방 선정비

유곡역은 조선 시대에 영남 지역과 서울을 잇는 교통의 요충지였다. 여기에 종6품 찰방이 설치되어 있었다. 이 비에는 문경 유곡역의 찰방이 역의 관리들과 백성을 폐단 없이 잘 다스렸다는 내용이 기록되어 있다.

경상북도 문경시 소재

조선 시대 관청 나들이를 마치며

조선 시대 관청에 대해서 이제 좀 이해가 가나요? 사실, 어려운 내용들이 많죠?

관청에 대한 이야기들이 어렵게 여겨지는 가장 큰 이유는 아마도 요즘은 쓰지 않는 용어들 때문일 겁니다. 관청의 명칭이나 벼슬 이름 등이 모두 낯선 것들이니까요. 거기다 여러분이 가장 힘들어하는 한자 투로 된 단어들이잖아요. 그러나 어려운 단어이지만 기본적인 용어들은 아는 것이 좋습니다. 역사 공부를 하는데 가장 기본적인 것이 역사 용어를 아는 것이니까요.

이 책은 한 번 보고 덮어두는 책이 아니랍니다. 이 책은 조선 시대 관청 사전이라고 생각하면 될 거예요. 사극을 볼 때나 책을 읽을 때, 궁금할 때마다 들춰보면 좋겠지요.

글을 다 쓰고 나니, 조금 아쉬운 부분이 있네요.

지방의 행정 조직에 대해 좀 더 자세하고 재미있게 들려주지 못한 부분이랍니다. 그렇게 된 가장 큰 이유는 지방 관청에 대한 구체적인 기록들이 거의 없기 때문입니다. 그리고 지방의 행정 조직은 모두 중앙의 행정 조직을 본받아 만든 것이기에 특별한 부분이 없는 것도 이유고요. 얼핏 보면 이 책 내용이 그저 평범한 것으로 보일 수도 있을 것입니다. 하지만 이것을 모두 정리하는 데에는 복잡한 연구와 노력 그리고 시간이 필요했습니다.

그러니 모쪼록 여러분이 이 책을 잘 활용해서 역사 공부를 좀 더 재미있게 하길 바랍니다.

박영규

찾아보기

경연 49 65 78 80 83 91 95

공방 151 153 154 156

공조 20 49 55 58 59 60 77 151

관상감 23 59 65 116 117

광흥창 59 131

교서관 21 59 65 123 124

군 143 149

군기시 59 69 124 126

군자감 59 64 127

궁녀 24 25 28 29 30 31 32 40 43 113 114 115

내명부 23 24 25 26 27 28 32 47

내섬시 59 126

내수사 43 45 46 59 62

내시부 35 36 37 47 59 62

내의원 23 45 49 59 65 111 112 113 115

내자시 59 126

도 143 144

도호부 143 148 149

도화서 59 65 125 138

돈녕부 104 105

목 143 148

병마절도사 50 142 145 160 161 162

병마절제사 161 162

병방 151 153 154 156

병조 20 48 55 58 59 60 68 69 70 71 74 151 160 162

봉상시 59 65 110

부 143 147

빙고 59 65 124 135

사간원 23 56 78 79 80 81 83 84 85

사도시 59 123 124

사복시 23 59 69 123 125

사섬시 59 123

사역원 59 65 128

사온서 59 135

사옹원 49 59 62 111

사재감 59 127

사직서 59 65 134

사포서 59 136

4학 59 65 139

사헌부 56 60 74 78 79 80 81 82 83 84 85 89 99 144

상서원 23 59 62 108

상의원 49 59 77 116

서연 80 83 91 95

선공감 59 77 125 127

선전관청 122
성균관 59 65 66 92 93 94 128 129 136 139
세자시강원 23 59 65 94 95
세자익위사 23 45 59 69 96
소격서 119 120
수군절도사 50 142 146 164 165
수군통제사 160 163 164 165
수성금화사 59 77 130
승문원 21 59 65 107
승정원 23 47 48 52 53 74 80 92 106 109 116 122
양현고 59 136
예문관 23 59 65 85 87 88 106
예방 151 153 154 155 156
예빈시 59 64 65 126
예조 20 48 55 58 59 61 64 65 66 89 117 151 155
5부 16 59 139
5위도총부 21 22 59 69 70
와서 59 77 125 139
외명부 24 26 27 33 34
용호영 120 121
6조 14 20 48 55 56 58 60 65 69 80 83 84 98 151
의금부 74 75 97 98
의빈부 104
의영고 59 135
의정부 55 56 57 61 80 83 84 86 91 106 108
이방 142 151 154 155 156
이조 20 48 55 58 59 61 62 63 86 151
장악원 59 65 124 127

장예원 59 123
장원서 59 77 125 136
장흥고 59 135
전설사 21 59 69 131
전연사 59 77 124 133
전옥서 59 73 124 138
전의감 59 65 112 116
전함사 59 124 133
제용감 59 127
조지서 59 77 136
종묘서 59 65 133 134
종부시 59 62 110
종친부 99 104
종학 59 65 128 129 130
집현전 85 87 88 89 90 91
찰방 51 68 143 166 167
춘추관 23 49 59 65 87 88 106
충훈부 59 62 105
통례원 59 65 109
8도 142 143 144 149
평시서 59 134
포도청 73 74 75 98
풍저창 59 131
한성부 61 64 83 98 99 133
현 143 149
형방 142 151 152 154 155 156
형조 20 48 49 55 58 59 60 73 74 75 83 98 99 151
혜민서 59 65 112 125 137

호방 151 152 154 155

호조 20 48 55 58 59 61 63 64 151

홍문관 23 49 56 59 63 65 78 79 85 86 88 91 92 106

활인서 59 65 112 137

훈련원 59 69 70 71

◯ **그림으로 보는 관청 이야기**

궁궐 – 내명부와 외명부 26

궁궐 – 왕 관련 관청 44

6조 거리 60

소규모 중앙 관청 124

지방 관청 152

병조의 지방 관직 162

◯ **표로 보는 관청 이야기**

내명부의 품계와 작위 25

외명부의 품계와 작위 34

양반의 품계와 해당 관직 50

6조와 소속 관청 59